히말라야에서 편지가 도착했습니다

스물네 마리 야생 동물이 들려주는 생태 환경 이야기
히말라야에서 편지가 도착했습니다

초판 1쇄 펴낸날 2025년 10월 27일

글	최종욱
그림	이미나
펴낸이	홍지연
편집	홍소연 김선아 김영은 이예은 차소영 조어진 서경민
디자인	이정화 박태연 정든해 이설
마케팅	강점원 최은 신예은 김가영 김동휘
경영지원	정상희 배지수

펴낸곳	㈜우리학교
출판등록	제313-2009-26호(2009년 1월 5일)
제조국	대한민국
주소	04029 서울시 마포구 동교로12안길 8
전화	02-6012-6094
팩스	02-6012-6092
홈페이지	www.woorischool.co.kr
이메일	woorischool@naver.com

ⓒ최종욱, 이미나 2025
ISBN 979-11-6755-352-2 73490

- 책값은 뒤표지에 적혀 있습니다.
- 잘못된 책은 구입한 곳에서 바꾸어 드립니다.
- KC 마크는 이 제품이 공통안전기준에 적합하였음을 의미합니다.

만든 사람들

편집	김선아, 서경민
디자인	이설

스물네 마리 야생 동물이 들려주는 생태 환경 이야기

히말라야에서 편지가 도착했습니다

최종욱 글 ✦ 이미나 그림

우리학교

안녕? 난 스물네 마리 동물에게 온 편지를 여러분에게 전할 최종욱 수의사야! 일종의 우편배달부지. 어떻게 이 편지들을 얻게 되었냐고? 사실 내가 먼저 동물들에게 끝없이 눈짓과 손길로 소리 없는 편지를 보냈어. 아마도 그 노력에 대한 응답일 거야.

난 동물이 좋아서 수의사의 길을 택했어! 단순하지? 부모님은 "도시에서 큰 네가 뭘 안다고 그런 길을 택하냐." 하고 걱정하셨지. 그때까지 개들은 꾸준히 키웠지만 소나 닭은 제대로 본 적조차 없었거든. 근데 그건 별문제가 아니었어. 어떤 동물을 봐도 신기하고 그냥 기분이 좋아졌거든. 길 가다가 고양이나 달팽이 한 마리만 봐도 걔들이 다시 길을 떠날 때까지 놀아 주곤 했으니까. 사실 지금도 그러고 있어. 쉴 때도 종일 도서관에서 동물 책만 본단다.

내가 수의사가 돼서 맨 처음 간 곳은 바람이 많이 불고 풀이 잘 자라는 대관령 목장이었어. 그곳의 젖소들은 초보 수의사인 나에게 많은 이야기를 들려주었지. 비바람이 치면 어떻게 피하는지, 새끼는 어떻게 낳고 키우는지, 사람과는 어떻게 관계를 잘 유지해야 하는지까지!

그들과 있으면 하루가 어떻게 가는지 몰랐어. 강아지일 때 함께 데려갔던 진돗개 두 마리도 그곳에서 내 든든한 친구이자 보호자가 되어 주었지.

자유롭게 사는 목장 젖소들과 지내다가 동물 병원으로 갔을 때 만난 개나 고양이 들은 좀 불편해 보였어. 자유라는 게 없어 보여서일까? 그렇지만 '집사'가 있는 개나 고양이 들은 내가 없어도 돌볼 사람이 많았어. 그래서 내 손길이 더 많이 필요한 곳으로 가게 됐지.

그렇게 찾은 곳이 바로 동물원이야. 책에서만 본 야생 동물들과 함께 지낼 수 있다니, 마치 평생소원을 이루는 기분이었어. 코끼리, 기린, 하마 들과 바로 친해졌지.

동물들이 좁은 사육장에 갇혀 지내는 건 너무 안타깝지만 내가 할 수 있는 건 그들을 자연과 더욱 가까운 환경에 살 수 있도록 해 주고 그들에게 인간을 적이 아닌 친구로 인식시켜 주는 일이라고 생각했어. 그러면서 그들 각자가 매일매일 들려주는 이야기들을 일기처럼 쓰기 시작했어. 어미 반달곰이 함정에 빠진 새끼를 구하려고 함정으로 뛰어들었던 슬픈 기억 같은 것 말이야.

동물원에서 우리나라 최초로 어미 코끼리 '봉'과 '쏘이'가 연달아 출산할 때 그 곁에서 기쁨을 함께 누렸고, 기린 '초롱이'가 태어나는 과정을 숨을 참고 지켜보기도 했어. 한번은 호랑이 세 마리를 직접 키워서 내가 좋아하는 프로 야구팀 선수들과 나란히

설 수 있도록 도와준 적도 있단다.

　야생 동물을 돌보는 수의사로서 꼭 알아야 하는, 코끼리 등 위에 올라타 치료하는 방법과 목이 긴 기린을 옮기는 방법도 터득하게 되었지. 정말 동물원은 심심할 틈이 없는 곳이고 동물들은 다들 너무나 아름답고 황홀해.

　지금 내가 있는 야생동물구조센터는 우리 주위에 사는 다치거나 조난당한 야생 동물을 치료하는 곳이야. 어미를 잃은 새끼 너구리나 고라니, 차에 치인 수달, 유리창에 부딪힌 파랑새 등등 이곳에 오는 이유도 종류도 다양해. 대부분은 어린이가 발견해서 전화해 줘. 정말 고마운 일이야. 센터에 온 동물을 자연으로 무사히 돌려보낼 때 가장 기분이 좋아.

　동물들은 자기 이야기를 끊임없이 몸으로 표정으로 들려주고 있는데 우린 잘 몰라. 그걸 알았는지 직접 편지를 써 주더라. 다른 사람들에게 전해 달라면서 말이야. 이제부터 진짜 재미있는 동물들의 편지를 함께 읽어 보지 않을래?

수의사의 편지 … 4

1부. 우리는 언제나 야생을 그리워하지
인간 때문에 집을 잃은 친구들로부터

1 사자의 편지 ✉ 나는 늘 야생에 사는 꿈을 꿔 … 12

2 펭귄의 편지 ✉ 여기가 좋아, 혹독한 겨울일지라도 … 20

3 북극곰의 편지 ✉ 나도 쿨하게 살고 싶어 … 28

4 눈표범의 편지 ✉ 히말라야가 아름다운 건 우리가 있기 때문이야 … 36

5 낙타의 편지 ✉ 나의 오아시스를 돌려줘 … 42

6 하이에나의 편지 ✉ 나를 불쌍히 여기지 마 … 50

7 판다의 편지 ✉ 야생의 본능은 쉽게 사라지지 않는 법 … 56

2부. 싫어도 좋아도 언제나 네 곁에
멸종하지 않고 같히지 않고 자기답게 살고 싶은 친구들로부터

8 매미의 편지 ✉ 나도 천천히 자라고 싶어 … 64

9 호랑이의 편지 ✉ 우린 멸종하지 않았어, 잠시 떠났을 뿐 … 70

10 개의 편지 ✉ 우린 인간을 차별하지 않아 … 78

11 고양이의 편지 ✉ 네가 행복하면 우린 그냥 행복해져 … 84

12 까치의 편지 ✉ 알고 보면 우린 한편이야 … 92

13 돼지의 편지 ✉ 나도 해외여행 가 봤으면! … 98

14 참새의 편지 ✉ 외로워도 슬퍼도 나는 지저귈 거야 … 104

15 여우의 편지 ✉ 놀라지 마, 우린 부활하고 있어 … 110

3부. 우리를 만나려면 시간과 마음이 필요해
지구에서 인간과 함께 잘 지내고 싶은 친구들로부터

16 문어의 편지 ✉ 너의 반려동물이 될 수 있겠니? … 118

17 라텔의 편지 ✉ 세상에 공짜가 어딨어? … 126

18 박쥐의 편지 ✉ 잘 봐, 내가 정말 무섭니? … 132

19 침팬지의 편지 ✉ 좀 더 인격적인 대우를 받고 싶어 … 138

20 슈빌의 편지 ✉ 새라고 다 날고 싶어 하는 건 아냐 … 144

21 악어의 편지 ✉ 이렇게 따뜻한 냉혈 동물 봤어? … 152

22 코끼리의 편지 ✉ 우린 살면서 특별히 놀랄 일이 없지 … 160

23 늑대의 편지 ✉ 용장 밑에 약졸 없다! … 166

24 기린의 편지 ✉ 진실은 말로 전달하는 게 아냐 … 172

우리는 언제나 야생을 그리워하지

1부

인간 때문에
집을 잃은
친구들로부터

나는 늘
야생에 사는 꿈을 꿔

안녕? 난 동물원에 살고 있는 수컷 사자야. 혹시 나 같은 사자가 주인공인 영화 <라이온 킹>을 봤니? 적어도 동물원에서 난 그 영화의 주인공 심바처럼 살고 있지. 왕처럼 말이야. 여긴 늘 먹을 것이 풍부해. 사람들이 구경 왔을 때는 하품만 한 번 해 줘도 모두들 "와아!" 하고 나를 추앙해 줘. 남부러울 게 거의 없어.

그런데도 이렇게 편지를 쓰는 건 아무래도 내 인생에 뭔가가 좀 부족한 느낌이 들어서야. 편지를 쓰다 보면 그 해답을 찾을 수 있지 않을까? 그래서 이렇게 남몰래 글로 남겨 보려는 거야. 말하지 않고 지내면 뭔가 문제가 있다는 걸 영원히 외면하게 될지도 모르니까.

이 허전함은 뭘까?

난 이곳 동물원에서 세쌍둥이로 태어났어. 우리 셋은 야생에서였다면 벌써 헤어졌겠지만, 여기선 평생 같이 살 수 있어. 그 점은 좋지만 항상 뭔가 빠진 것처럼 허전해.

너희는 산속 오두막에서 평생 형제들하고만 지내라고 하면 어떨 것 같아? 아마 정말 답답할 거야. 바깥세상을 전혀 모른다면 그런대로 견디겠지만, 바깥은 어떻다는 소문을 듣거나 누군가 찾아와 이야기라도 해 주면 그때부턴 엄청난 갈등이 생길 거야.

게다가 우리 사자는 원래 성장하고 나면 독립해서 짝을 찾고 무리 생활을 하는 동물이야. 야생에서는 누가 가르쳐 주지 않아도 자연스럽게 무리를 짓지. 그런 습성이 우리 몸에 새겨져 있어. 무리 생활을 하면 하이에나 떼 같은 잔인한 녀석들에게서 서로를 보호할 수 있고, 먹을 것도 혼자 사냥할 때보다 훨씬 더 많이 잡을 수 있어. 공포에 떨거나 굶주리는 일 따윈 없어지지.

우리 동물원 사자야 높은 벽과 유리창 시시티브이 그리고 사람들이 보호해 주고 있으니 천적에게 공격당할 염려는 없지만 그래도 늘 궁금해! 야생이란 과연 어떤 곳일까?

가끔 저녁에 돌아다니는 고양이나 고라니 녀석들을 보면 사냥 충동이 마구 솟기도 하는데, 걔네들은 우리를 휙 쳐다보고는 그냥 지나가 버려. 우리가 갇혀 있어서 자기들을 못 해칠 줄 아는 거지.

일부러 "어흥!" 하고 큰소리도 쳐 보고 '나 무섭지!' 하고 엄청 사나운 표정도 지어 보지만, 잠깐 놀라는 것 같다가도 이내 다시 고개를 꼿꼿이 들더군. 심지어 오줌이나 똥을 싸고 가기도 해. 그럴 땐 어찌나 자존심이 상하는지 괜히 매달려 있는 나무나 타이어를 발톱으로 갈기갈기 찢으며 화풀이를 하지.

〈마다가스카르〉라는 영화 봤니? 이 영화에서는 나처럼 동물원에서 태어나 동물원이 세상의 전부인 줄 알고 지내던 사자가 동물원을 탈출해. 기린, 얼룩말 등과 함께 원래 고향인 아프리카로 떠나지. 가는 길에 사자는 동물원에서 인기 있었던 비보이 춤을 추다가 망신을 당하기도 하고, 배가 고파졌을 때는 갑자기 동료였던 얼룩말과 기린을 먹이로 착각하기도 해. 사자는 그런 우여곡절을 겪으며 점차 동물원 사자에서 야생 사자로 정체성을 찾아가더라.

나에게는 꿈같은 이야기지만 한번 상상해 봤어. 내가 만약 그

사자라면? 비록 이곳이 나를 보호해 주고 먹이도 보장해 주지만 아무래도 그게 삶의 전부는 아닌 것 같아. 가장 중요한 자유라는 게 없어서일까? ==배부르지만 갇혀 지내는 동물원 사자, 배고프지만 자유로운 야생 사자. 너라면 어느 쪽을 선택하겠니? 만약 일생에 단 한 번만이라도 내게 선택할 기회가 생긴다면 난 주저 없이 이곳을 떠날 거야.==

나는 슬픔을 잘 모르지만

물론 동물원이 나쁘기만 한 것은 아니야. 내 형제만 보아도 그래. 지난주에, 같이 태어난 내 형제 사자 중 한 녀석이 갑자기 죽었어. 그날 나는 남은 동생과 종일 슬프게 울부짖었지. 난 슬픔이 무엇인지 잘은 몰라. 하지만 쓰러져 있는 녀석을 보고 있자니 가슴이 엄청 아프고, 무언가 안에서 복받쳐 오더군.

그 녀석이 오래 살지 못할 거란 건 전부터 알고 있었어. 그 녀석은 막내인 데다가 다리가 휘어진 채 태어났거든. 비록 수의사 샘이 잘 교정해 주었지만, 다 자라서도 다리를 좀 절뚝였고 체구도 작았거든. 야생에서 살았다면 훨씬 더 빨리 죽었을지도 몰라.

동물원에서 지낸 덕분에 오래 함께했으니, 다행이라 생각해야 할까?

그 녀석을 생각하면 동물원에서 지낼 수 있어 다행이다 싶지만, 다른 쌍둥이 암컷 사자를 보고 있으면 생각이 또 달라져. 이 녀석은 나보다 동생이지만 마치 큰누나처럼 든든해. 우리 수컷은 갈기도 있고 가끔 멋있는 척 거드름도 피워 보지만, 내 동생의 여유나 침착함은 당해 낼 수가 없어. 녀석은 갈기가 없어도 어찌나 아름다운지 몰라. 내 형제만 아니라면 당장 청혼했을 거야. 이런 녀석이야말로 좋은 짝을 만나 가족을 이루고 무리를 이끌면 좋을 텐데. 아직까지 그런 희소식은 들려오질 않네.

아마 앞으로도 듣기는 힘들 거야. 동물원에는 사자가 많거든. 사자는 나처럼 쌍둥이가 흔하고, 금방 커서 네 살이면 어른이 돼. 하지만 사자끼리 짝을 지어 줬다가 자칫 사고가 날 수 있어서 사람들은 웬만하면 그런 위험을 무릅쓰고 굳이 다른 동물원 사자들을 데려와 함께 살게 하지 않아. 동물원에는 관람객에게 보이기 위한 사자 한두 마리만 있으면 충분하니까. 그러니 우리는 짝을 만나기 쉽지 않을 거야.

어떤 사자든 만날 기회가 있으면 좋을 텐데! 우린 털로 덮여 있어서 나이가 많아도 그렇게 늙어 보이지 않아. 외모에 대한 편견도 거의 없어. 너희는 밀고 당기기, '밀당'을 한다지? 우린 그딴 것 안 해. 인간들은 무척 복잡하게 사랑을 하더라. 동물들은 대개 냄새만 맡아도 금방 알고 서로 친해지는데.

언젠가 아프리카에 가게 된다면

내가 만약 탈출하면 어디로 갈 수 있을까? 이젠 아프리카의 세렝게티와 마사이마라가 우리가 갈 수 있는 마지막 야생인 것 같아. 거기선 동물원과 반대로, 사자들이 오히려 차에 갇힌 사람들을 구경한다더라.

그런데 거기도 문제는 있어. 사자가 많아지면 이상한 전염병이 돈다는 거야. 최근엔 '개홍역'이란 전염병이 돌아서 사자들이 많이 죽었대. 한 지역에 여러 무리가 살면 아무리 넓어도 바이러스가 퍼지는 속도를 따라갈 수 없지.

사자가 제일 무서워하는 게 뭔지 아니? 웃지 마. 바로 모기야. 물리는 것도 무섭지만 모기가 옮기는 심장 사상충이 혈관으로 들어가 심장을 멈춰 버리게도 한대. 그래서 동물원에서는 매달 우리 먹이에 사상충을 없애는 약을 섞어서 주기도 해. 처음에는 약을 퉤 뱉었지만 몸에 좋은 걸 아는 지금은 그냥 모른 척하고 꾹 삼키지. 그런데 야생에선 누가 그 많은 사자를 구해 주겠니? 야생이란 곳에서는 보이는 것보다 보이지 않는 것들이 더 위험할지도 몰라.

그래도 나는 늘 야생에 사는 꿈을 꿔. 요즘은 사람들이 갇힌 동물들을 야생에 다시 풀어 주기도 하고, 생크추어리라는 걸 만들어 동물원이나 농장에서 평생 고생한 동물들이 편안히 쉴 수 있게 하더라.

다 좋지만 제일 먼저 야생을 지켜 줘. **너희 인간들은 자주 잊어버리는 모양이지만 우리는 지구에서 너희와 함께 살아가고 있단다. 야생은 모두의 집이야.**

간단하게 몇 자 적으려 했는데 생각보다 글이 너무 길어져 버렸네. 그래도 이렇게 말하고 나니 속이 조금 후련해. '임금님 귀는 당나귀 귀'라고 대나무숲에 평생 간직해야 할 비밀을 속삭인 궁전 이발사처럼 우리 동물들도 하고 싶은 말이 무척 많단다.

혹독한 겨울일지라도 여기가 좋아

안녕? 난 남극 대륙에 사는 황제펭귄이야. 남극에는 여러 펭귄이 살지만 남극에 눌러사는 진짜 남극 펭귄은 우리 황제펭귄밖에 없어. 우린 목이 노랗고 부리는 빨간, 떠오르는 태양처럼 아름다운 펭귄이지.

우리 이름이 황제인 이유는 좀 엉뚱해. 어느 날 어떤 사람이 남미에 사는 큰 펭귄 이름을 덜컥 임금펭귄이라고 지어 버렸어. 그런데 남극에 와서 그보다 더 커다랗고 멋진 우리를 본 거야. '이미 임금펭귄이 있는데, 저 펭귄은 도대체 뭐라고 불러야 하나? 임금보다 더 큰 존재? 네로나 카이사르 같은 황제?' 그렇게 우린 황제펭귄이 되었어. 황제가 되고 싶은 마음은 전혀 없었는데 말이야.

겨울 왕국의 황제

우리는 주로 물고기를 먹어. 펭귄은 겉보기에 꽤 순하고 얌전해 보일지 몰라도 대부분 물고기를 잡아먹고 사는 진정한 바다의 포식자들이란다.

우린 앞다리가 변한 날개로 헤엄을 쳐. 수족관 천장을 올려다보면 우리가 마치 푸른 하늘을 나는 큰 새처럼 보인대. 날아다니는 펭귄이라니, 정말 멋진 상상인데!

하지만 우리가 걷는 모습은 좀 우스꽝스럽긴 할 거야. 나도 인정해. 펭귄은 발이 짧아서 한 발 한 발 걷는 게 무척 힘들어. 엉성한 자세로 뒤뚱거릴 수밖에 없어. 차라리 깡충깡충 뛰거나 배로 기어다니는 것이 훨씬 편할 정도야.

우리는 평소에 무릎을 굽힌 채 살고 있어. 다리를 쭉 펴면 아마 우리 키가 지금의 두 배쯤 될 거야. 하지만 다리가 너무 길면 헤엄치기도 불편하고 물범 같은 천적들에게 붙잡히기도 쉽기 때문에 생존을 위해서 일부러 다리를 굽히고 다녀. 내리막길은 신나게 미끄러지면 되는데 오르막이나 평지는 걸을 수밖에 없으니 무척 느려. 그렇다고 달팽이나 거북이 정도는 아니야. 또 우리끼리 서로 응원하면서 걸으면 먼 길도 걸을 만해.

사람들은 우리보고 '연미복을 입은 신사'라고들 하더라. 우 가슴과 배는 희고 등과 날개는 검은 우리의 모습이 꼭 턱시도를 입은 것 같다나 봐.

인간 디자이너들에게 가장 좋은 모델이 바로 오랜 시간에 걸쳐 완성된 자연이라며? 앵무새의 무늬, 독개구리의 화려한 색깔은 패션 분야에서 널리 쓰인다고 하지. 청개구리나 딱정벌레의 유선형 몸은 유명한 자동차 디자인의 모티브로 많이 쓰였어.

자연을 닮으면 닮을수록 더 세련되고 아름다워지는 것 같아. 인간들 덕분에 우린 황제도 되었다가 신사도 되었다가 하네. 그런데 다 너무 수컷 중심 아니니? 이름을 지을 때 성별도 좀 고려해 주렴.

비록 우연히 지은 이름이긴 하지만, 우리는 다른 의미에서 진정한 황제이기도 해. 아델리펭귄, 젠투펭귄, 턱끈펭귄은 여름에는 함께 남극에 살다가도 겨울이 되면 추위를 피해 다들 남미 대륙이나 남극해 주변 섬으로 피난을 떠나.

하지만 우리 황제펭귄들은 오히려 더 깊은 남극 대륙 안으로 파고들어 가 겨울을 보내지. 그러니 우리야말로 남극 대륙의 진정한 주인이자, 이름 그대로 겨울 왕국의 황제 아니겠니?

하지만 황제들의 삶은 결코 우아하지만은 않아. 우리가 겨울을 나는 방법은 그야말로 죽음의 고통을 온몸으로 이겨 내는 거야. 영하 40도에서는 눈에 보이지 않을 만큼 작은 미생물조차 견딜 수 없는데 우리는 그 추위를 집도 옷도 없이 견뎌 내. 이건 조상 때부터 대대로 이어 온, 유전자에 새겨진 본능이야.

야생에 사는 무리 동물들은 한번 사는 방식이 정해지면 기후 변화나 화산 폭발 같은 특별한 일이 일어나지 않는 한 그 방식이 잘 바뀌지 않아. 무리 동물들은 자기가 속한 무리만이 자기를 보호해 준다고 생각하기에, 뭔가 조금 불합리한 것 같아도 무리의 규칙을 따르는 거야.

위대한 여행

우리가 겨울을 보내는 전설적인 방법을 한번 들어 볼래? 이건 꼭 들어 봐야 해. 한 편의 영화 같거든. 우리는 남극의 혹독한 겨울이 가까이 오면 느릿느릿한 걸음으로 대륙 깊숙이 있는 '오모크'라는 비밀의 장소를 찾아 몇 날 며칠을 줄지어 이동해.

머나먼 길을 미끄러지고 넘어지면서 걷고 또 걸어 어렵게 그곳에 도착하면 바로 커다란 원형 무리를 이루고 그중에서 서로에게 맞는 짝을 정하지.

짝을 이룬 펭귄들은 짝과 사랑을 나누고 알을 낳아. 새끼 펭귄이 알을 깨고 나오면 혼자 움직일 정도로 성장할 때까지 겨우내 둘이서 키워. 잠깐 한눈이라도 팔면 알과 새끼는 금방 얼어붙어 버리고 말아. 그래서 부모 펭귄은 두 달 넘도록 차가운 침묵 속에서 아무것도 먹지 않으며 교대로 알과 새끼를 품어.

그러다 다시 봄이 오면 가족이 함께 풍요의 바다로 힘차게 되돌아가지. 이런 환희의 순간이 있기에 기나긴 혹한의 겨울을 버틸 수 있단다.

우리 황제펭귄의 이 반복되는 위대한 여행을 너희 인간들은 아마 상상조차 할 수 없을걸? 우리도 본능이 시키지 않는다면 이런 모험을 감히 떠날 수 없을 거야. 우리는 태어나는 순간부터 평생, 그리고 대대로 이 일을 불평 없이 반복해. 이런 것이 본능의 위대함 아닐까? 내 입으로 말하자니 부끄럽지만, 북극의 겨울은 북극곰이 있어 아름답고, 남극의 겨울은 황제펭귄이 있어 빛난다고나 할까!

그러니 한 가지 부탁할게. 펭귄 새끼들보고 자꾸 못생겼다고 하지 마. 다른 동물들은 새끼 때가 더 예쁜데 펭귄은 대부분 누가 봐도 새끼일 때 더 못생긴 것 같기는 해. 펭귄 새끼들은 다 큰 펭귄들과 생김새가 꽤 달라. 새끼들은 일단 추위를 이겨 내기 위해 어두운 색깔 솜털로 가득 덮여 있어. 마치 먼지를 뒤집어쓴 것 같아. 따뜻한 게 최고지 색깔까지 굳이 아름다울 필요는 없잖아?

우리 새끼들은 부모에 의존적이지 않아. 혼자 돌아다닐 수 있게 되면 친구들끼리 신나게 어울려 잘 지내지. 그렇게 놀면서 훗날 살아갈 생존 능력을 서로 키우는 거야.

수영을 잘하는 녀석들은 수영을 친구들에게 가르쳐 주고, 잘 걷는 녀석들은 걷는 요령을 가르쳐 주기도 해. 그뿐이니? 부모님께 예쁘게 보여 맛있는 걸 더 많이 잡아 오게끔 하는 '애교 작전'도 서로 몰래 가르쳐 준다니까!

그리고 또 한 가지, 이건 정말 중요한 부탁이야. 요즘 남극이 갑자기 따뜻해져서 우리가 생활하기 매우 힘들어졌어. 따뜻하면 좋지 않겠냐고? 당장 덜 추운 건 좋지.

하지만 바다가 따뜻해지면 남극에 있는 빙하가 녹아 버려. 그럼 차가운 빙하 아래 붙어 살던 미생물인 조류들이 살지 못해.

그러면 그걸 먹이로 삼는 크릴새우도 살 수 없지. 크릴새우가 못 살면 또 그걸 먹고 사는 수많은 물고기가 다른 곳으로 이주해야 하고, 그럼 그 물고기들을 잡아먹는 우리 펭귄들도 결국 살 수 없게 돼.

너희 인간들은 모기를 정말 싫어하지? 하지만 그 귀찮은 모기 하나만 사라져도 지구 생태계 전체가 요동칠 수 있어. 모기의 유충, 그러니까 새끼 모기라고 할 수 있는 장구벌레는 크릴새우처럼 무수한 동물들 먹이의 원천이 되거든. 이런 걸 먹이 사슬이라고 불러. 서로 연결된 사슬 중 어느 하나라도 고리가 끊어지면 다른 사슬들도 모두 영향을 받는 거야.

그러니 우리가 남극에 계속 살 수 있도록, 매서운 추위를 견뎌야 하는 겨울일지라도 우리 본능대로 이겨 내며 힘차게 살 수 있도록 너희가 좀 도와주지 않겠니?

나도 쿨하게 살고 싶어

안녕? 난 지구의 꼭대기 북극에 사는 북극곰. 너희 인간들은 우리를 꽤 좋아하더라. 우리는 너희와 동떨어져 사니 위험하다는 생각도 없을 테지. 더구나 우리 새끼 곰들은 순백의 눈으로 만든 인형처럼 예쁘잖아. 안 좋아하려야 안 좋아할 수가 없지.

미움보다는 사랑과 관심을 받는 게 무척 다행스럽기는 해. 우리와 영역을 겹쳐 사는 눈토끼나 북극여우들은 우리를 부러워하더라. 사람들이 자기들에게도 관심을 가져 줬으면 하고 말이야.

나를 콜라 광고 같은 데 나오는 '쿨함'의 상징, 행복한 북극곰으로 생각해 줘도 나쁘지는 않아. 그런데 사실 그게 전부는 아니란다.

북극은 대륙이 아니라서

남극을 대표하는 녀석이 이름도 그럴싸한 황제펭귄이라면, 북극을 대표하는 동물은 바로 우리, 북극곰이야. 기왕이면 우리 이름도 황제 곰이라고 해 주지 그랬니? 흔히 우리를 백곰이라고 불러. 하얀 것이 보기 좋은지 사람들은 우리를 밀가루나 변기의 모델로 쓰기도 하더라.

북극은 남극 같은 대륙이 아니야. 물 위를 떠다니는 유빙이 많은 바다와 그 주변의 알래스카나 시베리아 같은 육지를 포함한 지역을 북극이라고 불러. 아주 추운 곳도 있지만 여름이 되면 엄청 더운 곳도 생겨서 꽃도 피고 모기도 많이 발생해. 이런 곳을 아북극이라고 부르는데, 여기도 북극이자 우리 북극곰이 살아가는 영토란다.

북극은 겨울이 너무 추워서 식물뿐만 아니라 새끼를 낳는 포유동물 대부분이 살 수 없어. 영하 40도가 넘는 극한의 겨울이 6개월 이상, 그것도 오직 어두운 밤 상태로 계속되기 때문이야. 이런 북극의 겨울을 '극야'라고 해.

추운 겨울을 겨울잠도 안 자고 이겨 내려면 몸 안에 단백질과 지방이 풍부해야 해. 그렇다 보니 지구의 다른 곳에 사는 7종의 곰이 대부분 잡식성인 데 비해 우리 북극곰은 거의 육식성 체질로 바뀌어 버렸단다.

우리가 사냥할 동물은 물개나 물범같이 바다에 사는 놈들뿐이야. 그것도 그 녀석들이 얼음 위로 얼굴을 내밀거나 쉬러 올라와야 제대로 사냥할 수 있지. 그러니 얼음이 녹는 여름엔 사냥이 어려워. 겨울에 열심히 사냥해서 배고픈 여름을 몸집 하나로 버텨 왔지.

그런데 요즘은 얼음이 많이 녹아 버려서 겨울에도 물범들이 숨 쉴 공간이 무척 넓고 많아졌어. 물범들은 더 이상 숨구멍을 만들지 않고 잘 올라오지도 않아. 그러면 우리는 헤엄쳐서라도 사냥을 해야 하는데 우리같이 300킬로그램 이상인 무거운 동물들이 바다에서 오래 수영하기는 너무 힘들어. 이제는 여름이 오면 거의 굶을 수밖에 없단다.

요즘엔 어떻게든 살아 보려고 얼음 뗏목을 타고 어디든 가 보려고 해. 그러다 북극과 가까운 노르웨이나 아이슬란드처럼 사람이 사는 곳에 도착했다가 총에 맞아 죽는 일까지 생기고 있어. 우리는 여름에 마치 좀비처럼 힘없이 돌아다니며 사람 사는 집 주변의 쓰레기통이나 뒤지면서 겨우 살아가. 배가 너무 고픈데 사냥감은 없으니 음식 쓰레기라도 먹으면서 간신히 긴 여름을 버티는 거야.

기운 없이 축 처진 우리를 본 인간들은 이런 모습을 겨울잠(동면)과 반대말로 북극곰의 여름잠(하면)이라고도 불러. 체면이 말이 아니지? 너희도 한번 사흘쯤 굶어 봐! 우리같이 되나 안 되나. 배고픔 앞에선 누구도 어쩔 수 없단다.

춥고도 아름다운 겨울이면

시작부터 너무 넋두리가 심했구나. 이제 너희들이 귀 기울일 만한 이야기를 들려줄게. 북극은 현재 지구 온난화의 피해를 가장 극심하게 받는 곳이야. 바닷물이 언 해빙과 만년설이 녹아서 그곳에 예전부터 죽어 있던 매머드 같은 거대 생물들의 사체가 눈 위로 차츰 드러나고 있어.

그러면 영원히 녹지 않을 것 같았던 땅속에서 동면하고 있던 각종 병균도 다시 깨어나게 돼. 세균이나 바이러스는 동면 상태로 몇만 년이고 살 수 있거든. 그리고 그 균 중에는 그들의 숙주를 멸망으로 이끈, 절대 다시 세상에 나와서는 안 되는 위험한 균도 있을 수 있어.

믿기 힘들겠지만 아주 오래전엔 북극이나 남극도 녹색 지대였던 시절이 있었어. 지구의 역사는 돌고 도는 거야. 빙하기 사이에 오는 간빙기에는 기온이 높아서 북극에도 식물이 자라는 푸른 땅이 많았다고 해. 그때 매머드도 살았고 말이야.

그러니 우리 북극곰도 기후가 갑자기 바뀌면 매머드같이 갑자기 멸종하는 처지가 얼마든지 될 수 있어. 그때쯤이면 너희 인간들도 안전하지 않을걸? 북극 얼음이 녹으면 물에 잠기는 나라가 더 많아질 테니.

북극의 겨울은 정말 춥지만 매우 아름답기도 해. 주위가 온통 까만데 하늘 위로 보석 같은 오로라가 펼쳐지곤 하지. 그냥 멍하니 바라보기만 해도 너무너무 아름다워서 밤새 넋을 잃고 그것만 쳐다본 적도 있어.

북극의 겨울을 극야라고 부르듯이 북극의 여름은 백야라고 부르는데 백야에는 온종일 회색빛 낮만 계속되지. 낮과 밤이 뚜렷한 온대 지방에서는 상상할 수 없는 기이한 풍경이야.

북극에 사는 사람들은 겨울이면 어두운데도 억지로 깨야 하고 여름이면 밝은데도 억지로 자야 해. 시계와 자명종이 꼭 필요한 곳이 바로 이곳이지. 경치는 비할 데 없이 아름답지만 먹을 것은 사람이나 동물이나 정말 구하기 힘들단다. 그 대신 천적이 없고 끝없이 자유롭다는 장점이 있어.

그래서 산타의 썰매를 끄는 순록 녀석들도 북극을 왔다 갔다 하면서 그 아래로는 절대 내려가려고 하지 않아. 그렇지만 순록들도 조금이라도 밑으로 이동해 본다면 다시 북극으로 돌아오기 싫어할지도 몰라. 순록들이나 우리나 그 간단한 모험조차 하지 않는 북극 바보들이지.

북극여우들이 우리 곁을 따라다닐 때가 가끔 있어. 우린 걔들을 친구로 생각하지 않아. 이상한 냄새가 나고 맛도 없으니 잡아먹지도 않지. 걔들도 그 점을 너무 잘 알아서 우리 곁을 자꾸 맴돌아. 겨울에는 녀석들도 사냥하기가 힘드니 우리가 먹고 남긴 걸 먹으려는 거야.

우리는 잡은 물범을 뜯어먹다가 배가 충분히 부르면 그대로 놔두고 자리를 뜨거든. 그럼 북극여우나 북극족제비 같은 녀석들이 어느새 나타나 남은 먹이를 깨끗하게 처리해 준단다. 그래서 북극은 항상 깨끗해. 음식물 쓰레기 걱정은 전혀 할 필요가 없지.

　직접 사냥하지 않는 그들을 비겁하다고 무시해도, 나를 '여름 좀비'라고 불러도 상관 없어. **그딴 체면이나 자존심을 다 챙기면서는 이 험난한 북극에서 살아갈 수 없어. 때론 우아하게도, 가끔은 비참하게도 살아갈 줄 알아야 하는 게 우리 야생 동물이란다.**

히말라야가 아름다운 건
우리가 있기 때문이야

안녕? 난 '산의 정령' '히말라야의 무법자' '히말라야의 포식자' '히말라야의 정령'이라는 멋진 별명을 가진, 별명 부자 눈표범이야. 우릴 본 적이 있니? 아마 없을걸! 우리가 인간들 사이에서 꽤 인기가 많다고 들었어. 실체를 보기 힘들지만 일단 한번 보면 누구나 반하게 된다나 뭐라나.

내 자랑 하는 것 같아 좀 쑥스럽긴 하지만, 우린 아무나 살지 못하는 곳에서 태연히 살아가고 있으니 그럴 만하다고 생각해. 정 우리를 보고 싶다면 우리가 사는 높다란 히말라야산맥까지 찾아와 줘. 그래도 우릴 보긴 힘들겠지만, 또 누가 아니? 혹시나 먼 발치에서 그림자라도 볼 수 있을지.

죽기 아니면 사냥하기

사실 우린 표범이 아니야. 우린 호랑이와 조상이 같아서 굳이 말하자면 '눈호랑이'라고 해야 더 정확해. 하지만 표범처럼 은밀하게 지내는 데다, 표범 같은 체구와 무늬를 가졌으니 인간들이 눈표범이라 부르는 것도 이해는 돼. 또 호랑이와 표범 둘 다 대형 고양잇과 동물이니 큰 차이는 없지.

나도 처음엔 우리가 표범인 줄만 알았어. 그런데 유전자를 분석해 보니 우리 먼 조상이 호랑이로 나왔다는 거야. '거참, 사는 곳에 따라 모양도 성격도 달라지는구나.' 생각했지.

그런데 우리가 호랑이와 닮았다고 느껴지는 순간이 있어. 바로 사냥할 때야. 우린 사냥감을 보면 표범처럼 조심스럽게 접근하는 것이 아니라 마치 호랑이처럼 대놓고 공격하거든.

우리가 주로 사냥하는 시베리아아이벡스(야생 염소), 히말라야 산양은 우리를 피해 깎아지른 절벽 위에 올라가 살거나 아슬아슬한 절벽 길을 타고 이동해. 동물계의 암벽 등반가들이지.

"호랑이를 잡으려면 호랑이 굴로 들어가야 한다."라는 속담처럼 사냥감을 잡으려면 가까이 접근해야 하잖아? 우린 그 높은 절벽에서 함께 굴러떨어지면서 사냥한단다. 우리 사냥 스타일은 '총칼 없는 전쟁' 그 자체야. 죽기 아니면 사냥하기지. 날마다 목숨을 거는 전투적인 삶이 힘겹긴 하지만, 그런 모험마저 없다면 이 쓸쓸하고 황량한 히말라야산맥에서 무슨 재미로 살아갈까?

우리 털은 추운 데 적응하다 보니 아주 두껍고 부드러워. 사냥꾼들은 우리 털을 얻으려고 오래전부터 죽음을 무릅쓰고 우리를 사냥해 왔지. 워낙 많이 희생당해서 우리는 이제 겨우 4000마리밖에 남아 있지 않아.

가끔 사람들은 우리를 사자나 호랑이에게 하듯 동물원으로 데려가려고 하더라. 동물원에 사는 고양잇과 동물들은 마치 집고양이들처럼 적응도 꽤 잘하고 새끼도 많이 낳는다고 들었어.

하지만 우리는 아냐. 치타나 우리 눈표범은 야생의 본능이 강해서 그런 갇힌 공간에서는 잘 지내지 못해. 새끼를 잘 낳지도 않고 낳아도 잘 돌보지 못해.

게다가 동물원은 대체로 따뜻한 곳에 있는데, 그런 곳에서 살면 이 부드럽고 아름다운 털이 형편없이 빠져 버리고 색도 변해 초라하고 볼품없는 동물로 변해 버려. 아마 우리가 눈표범인지 몰라볼 정도가 될 거야.

눈 사막과도 같은 히말라야

영화 〈월터의 상상은 현실이 된다〉에서 주인공인 사진작가 숀 오코넬은 눈표범을 찍기 위해 히말라야산맥을 올라. 그런데 그렇게 보기 힘들다는 눈표범을 발견하자 셔터를 누르지 않아. 그 대신 "아름다운 것들은 관심을 구걸하지 않는 법."이라는 명언을 남기지. 딱 내가 하고 싶은 말을 멋진 대사로 표현해 줬어!

그런데 영화 〈쿵푸 팬더〉에서는 우리를 악당 '타이렁'으로 그렸더라? 딱히 불만은 없어. 그 영화는 판다와 같이 중국에 사는 희귀 동물들을 등장인물로 삼았는데, 그 덕분에 우리도 조연으로 등장했어. 우리 눈표범이 중국 오지에 꽤 살고 있거든. 영화 속에서 타이렁은 악랄하고 무예가 센 악당으로 그려져. 실제로 그렇지 않다고 해명하진 않겠어. 우리는 너희들의 관심 따위를 구걸할 생각은 전혀 없으니까. 악당 타이렁이 되는 게 '곰돌이 푸'가 되는 것보단 훨씬 낫다고 봐.

우리 먹이 목록 중에는 너희가 사랑해 마지않는 판다나 레서판다 녀석들도 포함돼. 그들의 특이하고 예쁜 털 색깔도 알고 보면 우리 눈표범의 눈을 피하기 위해 진화한 거라고 하더라. 그들이 인기를 얻게 된 것도 결국 우리 덕분이니 우리에게 감사하라고 해야 할까? 흠, 잡아먹는 동물로서 내가 할 말은 아닌 것 같네.

전문 등반가가 아닌 사람은 히말라야에 단 하루도 머물러 살 수가 없단다. 그래서 히말라야는 너희 인간들이 쉽게 갈 수 있는 다른 곳보다 비교적 야생이 잘 보존되어 있어. 우리가 사람을 보면 해치냐고? 아니야! 우린 사람을 싫어해서 사람을 발견하면 보이지 않는 곳으로 슬그머니 피해 버려. 너희들이 뱀을 본능적으로 피하는 것과 비슷해. 많은 과학자가 우리를 만나고 싶어 하지만, 웬만해서는 우리에게 감히 접근조차 할 수 없지.

끈질긴 과학자들은 포기하지 않고 재미난 아이디어를 짜내더라. 현지 양치기 목동들에게 카메라 작동법을 가르쳐 주고 1년 내내 우릴 관찰하게 한 거야. 목동들은 양을 보호해야 하니 매일 우리를 감시하면서 쫓아내거나 때론 사냥하거든. 우리에겐 적이자 친구인 셈이지. 현명한 방법이라고 생각해.

우리 눈표범은 오직 '눈 사막'과도 같은 히말라야에서 우연히 만날 수 있을 뿐이야. 히말라야가 진정 아름다운 건 정령인 우리가 지키고 있기 때문이란다. ==그러니 우리는 이곳에 계속 신비스럽게 남아 있을게.==

나의 오아시스를 돌려줘

안녕? 난 사막에 사는 낙타야. 난 초식 동물치곤 꽤 특이한 생김새를 하고 있지 않니? 특히 등에 불룩 솟은 혹은 기능도 많은 데다 매력적이기까지 하지. 물론 보기에 따라 호불호가 있겠지만 말이야.

인간들은 어떻게 생각할지 몰라도 우린 이 혹이 불룩할수록 서로에게 더 매력을 느낀단다. 그게 우리가 더 건강하고 더 힘세고 더 잘 산다는 믿을 만한 증거거든.

너무 외모만 따지는 거 아니냐고? 맞아. 우린 주로 겉모습을 보고 짝을 결정해. 말 그대로 진정한 '외모 지상주의'라고나 할까?

야생에선 더 이상 살 수 없어

시작부터 너무 외모 이야기를 해서 우리 낙타에 대한 첫인상이 좀 나빠졌니? 그런데 우리만 그러는 게 아니야. 동물들은 대개 외모를 많이 따져.

푸른발부비새는 상대의 발이 파랄수록 더 매력을 느끼고, 사자는 오줌 냄새가 진할수록 상대가 매력 있다 여기고, 공작은 날개가 화려할수록 상대에게 더 매력을 느낀단다. 아무래도 건강해야 몸과 털의 색이 더 다양하고 선명해지고, 냄새도 더 진하게 풍기는 법이니까.

물론 능력을 좀 더 따지는 동물도 있어. 물총새처럼 더 맛있는 물고기를 잡아 오는 능력을 높이 사는 녀석들도 있고, 극락새처럼 극한의 춤 실력을 발휘해야 점수를 얻는 녀석들도 있지. 바우어새는 더 예쁜 정원을 만들수록 좋다나. 하지만 그렇게 능력을 중시하는 놈들도 역시 첫째로 따지는 건 외모지.

물론 누구의 눈에 멋지게 보이느냐는 좀 다른 문제야. 너희 인간 눈에 우리 등의 혹이 별로 안 멋져 보인대도 상관없어. 우린 너희에게 잘 보일 이유는 없으니까.

낙타는 사막이 없으면 사실 인간에게 별로 가치가 없는 동물이야. 여러 동물원에서 낙타를 데리고 있지만 사실 동물원에선 그다지 인기도 없어. 사람들이 스쳐 지나가면서 '어, 낙타도 있구나.' 하는 정도지.

하지만 사막에선 달라. 우리 중에서 가장 인기 있는 건 이집트 피라미드 주변에 서 있는 낙타 무리야. 피라미드는 꼭 낙타를 타고 돌아야 더 운치 있다나? 관광 상품이기는 하지만 피라미드와 낙타가 꽤 잘 어울리는 조합인 것은 확실해. 너희 인간들 말이야. 옛날에 피라미드를 만들 때 무척 고생했다며? 우리를 아직 길들이기 전이라 너희 손으로 직접 수레와 배를 이용해 큰 돌들을 옮겼다고 들었어. 우리에겐 다행인 일이지.

우리 낙타 중에 등에 혹이 두 개인 쌍봉낙타는 중국과 몽골에 걸쳐 있는 고비사막에 살아. 여기는 겨울이 아주 춥지. 쌍봉낙타들도 예전에 고생을 많이 했어.

기나긴 실크로드 개척은 바로 이 쌍봉낙타들이 있었기에 가능했던 거야. 또 전쟁통에는 총과 칼 같은 무기를 운반하는 수송병 역할도 했는데 그 때문에 희생도 많이 당했지.

이 모든 일은 사람들의 돌봄에 완전히 길들어졌기 때문에 일어났어. 우리 낙타는 소와 말에 비해 뒤늦게 가축화되었지만, 지금은 쌍봉낙타 몇백 마리를 제외하곤 죄다 가축화되어 버렸어. 이제 야생에는 자취조차 남아 있지 않단다.

우리 조상들은 천적이 없는 사막에서 자유롭게 살았는데, 이제는 사람들 곁이 아니면 하루도 못 사는 처지가 되어 버렸지.

꼭 길들여져서만은 아니야. 사막의 모든 생명을 아름답게 만드는 오아시스 중 아주 조그마한 것마저 사람이 다 차지해 버렸으니, 전갈이나 사막쥐처럼 아침 이슬만 먹고도 살 수 있는 동물들 빼놓고, 우리같이 큰 동물들이 어떻게 사막에서 홀로 살아갈 수 있겠니?

오아시스만 돌려준다면 우리도 거칠지만 멋진 사막에서 사람들의 도움 없이 잘 살아 나갈 수 있을 텐데. 제발 돌려줘, 우리의 생명 줄인 오아시스를!

사막에서 마음을 비우기

비록 사람의 도움을 받고 있지만 사막에서 지내는 건 결코 쉬운 일이 아니지. 우리가 사막에서 살아갈 수 있는 건 몇 가지 능력이 탁월하기 때문이야.

 우리는 갈증과 배고픔을 잘 견디는 능력, 먹을 기회가 생기면 최대한 많이 먹어서 몸 안 곳곳에 저장하는 능력, 사막의 낮 더위와 밤 추위에 체온을 자유자재로 변화시켜 적응하는 능력을 갖추고 있어.

 또 우리 몸은 사막에 최적화되어 있단다. 더운 모래바람을 통과시키는 긴 다리, 매서운 모래바람이 불어오면 저절로 닫히는 눈과 귀와 콧구멍이 바로 그것이지.

 그런데 다른 무엇보다 중요한 게 있어. 바로 마음을 비우고 게슴츠레 눈을 뜬 채 멍하니 걷거나 멈추어 서 있는 능력이야. 이것이야말로 생존에 아주 중요한 비결이지. 사막에서 아무것도 먹지 않고 일주일쯤 걸어갈 수 있겠니? 절대 못 할걸!

 사람들은 하루만 굶어도 곧 죽을 것처럼 난리를 피우다 곧 정신마저 혼미해진다며? 그런 사람들이 준비 없이 사막에 왔다 간 신기루를 쫓다가 쓰러져 버릴 거야.

 하지만 우리 낙타들은 일주일쯤 아무것도 먹지 않고도 밤낮으로 열심히 걸을 수 있어. '이 고통도 언제가 반드시 끝이 오리라.' 하는 마음가짐으로 걸어가지.

오지에 떨어지면 무엇보다 마음을 비우고 나는 살 수 있다는 강한 희망을 갖는 게 제일 우선이야. 우리 낙타들은 그걸 태어날 때부터 모두 알고 있는데, 인간들은 잘 모르는 것 같아.

사막의 배, 사막의 영혼

사막의 밤은 생각보다 무척 춥단다. 모래는 금방 달구어졌다가 금방 식기 때문에 일교차가 엄청나. 그래서 이솝 우화에는 이런 이야기도 나와.

밖에서 자던 낙타가 주인에게 춥다고 머리만 천막에 넣게 해 달라고 부탁했대. 그래서 주인이 허락해 줬더니 조금 있다 이번에는 허리까지만 좀 들어가면 안 되겠냐고 했어. 주인은 또 허락해 줬어. 그러다 나중에는 낙타에게 천막을 모두 내주고 주인은 추운 바깥으로 쫓겨났다지. 나는 그 이야기를 들으며 세상에 이렇게 착한 사람도 있구나 하고 감동했어.

춥고 거칠지만, 사막은 무척 아름다운 곳이야. 흔히 사람들은 사막이 아름다운 건 오아시스를 품고 있어서라고 하더라. 하지만 나는 이렇게 말할래. 사막이 아름다운 건 우리 같은 낙타가 그

곳을 언제나 여행하고 있기 때문이라고.

  우리 등에 물건을 실어 나르는 사람들은 우리를 '사막의 배' '유목민의 친구'라고 불러. 우리는 그 이상이야. 우리는 사막에 있는 모든 것을 홀로 외롭지 않게 해 주는 진정한 사막의 영혼이란다.

나를
불쌍히 여기지 마

　우욱! 우히히! 이런 내 목소리 들어 본 적 있니? 꽤 아름답지 않니? 아니면 말고. 안녕? 난 점박이하이에나야. 웬만하면 내 앞에선 까불지 마라. 나와 함께 다니는 우리 무리가 가만 안 둘 테니까.

　우리 무리는 흔히 '클랜'이라고 해. 별로 좋은 뜻은 아니야. 나쁜 의미로 '집단'이나 '패거리'라고 부르는 거니까. 우리가 늘 똘똘 뭉쳐 다니긴 해. 그래서 다른 동물들이 함부로 덤비지 못하지.

　우리에 대한 나쁜 소문을 한 번쯤 들어 봤을 거야. 우리로선 좀 억울해. 우리가 정말 그렇게 소문만큼 교활하고 못됐을까? 하나하나 그 소문을 파헤쳐 볼게. 날 따라오든지 말든지 그건 네가 알아서 하고.

우리도 사냥을 한다니까

　잠깐, 혹시 내가 '클랜'이라고 해서 지금 테스토스테론(남성 호르몬) 넘치는 수컷이 편지를 쓰고 있다고 생각하니? 인간 사회에서는 남자들이 패거리를 많이 만드니 그럴 수 있어. 그런데 우리 집단은 모계 사회야. 우두머리가 힘센 암컷이란 뜻이야. 수컷들은 무리 없이 떠돌이로 살거나, 무리에 있더라도 모든 암컷의 아래에 있지. 심지어 우두머리가 낳은 새끼들보다도 아래야. 거의 머슴 취급을 받는다고 해도 틀린 말이 아니지.

　우리 점박이하이에나 암컷들은 몸집도 수컷보다 더 크고, 생김새도 너희가 보기엔 수컷보다 더 수컷처럼 생겼단다. 왜 그렇게 생겼냐고? 그걸 내가 어떻게 알겠니? 타고날 때부터 이렇게 생긴걸. 그래서 스스로 자[自], 그러할 연[然], 자연 아니겠냐?

　우리 이미지가 나빠진 가장 큰 이유를 잘 알고 있어. 우리가 사자나 치타가 애써 잡아 온 것을 건달처럼 빼앗아 먹는다는 소문 때문이지. 우리가 정말 그러냐? 당연하지. 야생은 약육강식의 세계야. 힘없는 녀석들의 것을 좀 빼앗아 먹는다고 그게 뭐 그리 큰 죄냐? 치타 녀석들이 워낙 사냥을 잘하니 그런 '능력자'의 고기를 조금 나눠 먹자는 차원이라고, 우히히.

우리라고 맨날 빼앗아 먹는 건 아냐. 그건 오해야. 우린 먹이의 70퍼센트 이상을 스스로 사냥해서 구해. 우리도 치타나 사자처럼 애써 사냥을 한다고! 나머지 30퍼센트만 그런 식으로 외부에서 조달해 먹을 뿐이야. 우리만 그러는 것도 아냐. 사자들도 가끔 우리가 잡은 먹이를 떼로 몰려와서 빼앗아 가기도 해.

나도 가끔 정의로운 척하고 싶을 때가 있긴 해. 하지만 친구들이 와서 "야! 저기 치타 녀석이 잡아 놓은 맛있는 먹잇감이 있어. 모두 함께 가자!" 하면 싫어도 공범이 될 수밖에 없어. 나만 빠질 수 없거든. **야생에서는 자기 자신을 포함해 누구도 결코 동정하지 않아. 그저 주어진 상황에 순응하며 오직 앞만 보고 열심히 나아갈 뿐이지.**

우리 이미지가 나빠진 또 다른 이유는 아마 우리의 사냥법 때문일 거야. 우리가 좀 비겁하게 사냥하긴 해. 예를 들면 상대의 엉덩이처럼 밖으로 튀어나온 부분을 물어뜯는 식이야. 우린 덩치도 작고 달리기 실력도 좋지 않아서 어쩔 수 없어. 이게 우리로선 최선이야. 이런 모습이 너희들에겐 천하의 나쁜 놈들로 보일 게 뻔해. 우리도 남들이 그랬다면 그렇게 생각했을 거야.

자연의 장의사

우리 이미지가 나쁜 세 번째 이유는 우리가 사체를 먹는 '청소 동물(스캐빈저)'이어서일 거야. 우린 신선한 사체라면 결코 마다하지 않지. 우리 같은 청소 동물들은 '자연의 장의사'라고 할 수 있어. 사체를 깨끗하게 먹어 없애 주는, 자연에 이로운 동물이지. 똥파리나 개미, 풍뎅이 같은 벌레부터 독수리나 까마귀가 대표적이지. 특히 하이에나 네 종류 중에서도 갈색하이에나 녀석이 사냥을 잘 못해서 주로 그런 청소부 역할을 담당해. 줄무늬하이에나는 작은 동물들을 사냥하면서 과일도 즐겨 먹는 잡식성이고, 아드울프라는 작은 하이에나는 개미를 주식으로 삼지. 우린 개들하곤 차원이 다르다고!

우리 이미지가 나쁜 마지막 이유, 그건 우리 울음소리일 거야. ==우리 울음소리는 마치 비웃는 듯해서 들으면 끔찍하다고들 하더라. 혹시 너희가 듣기에도 그랬다면 좀 미안하긴 한데 그거야 너희들 귀 사정이고. 우리 목소리가 원래 그런 걸 어쩌겠냐? 좀 음치에, 음산한 목소리를 낸다고 해서 그걸 조롱하면 쓰겠냐?==

외형이 좀 험상궂고 목소리가 거칠어도, 그걸 오히려 멋있다고 생각해 주는 사람들도 있어. 아프리카의 어떤 부족은 우리를 예언가로 떠받들기도 하고, 또 어떤 부족은 우리 새끼를 데려다 반려동물로 삼기도 해. 그네들 말로는 우리와 함께 다니면 멋지고 든든하다더라. 우릴 만져 보겠다고 돈을 내려는 사람들도 있대! 다른 사람들이 그 부족을 본받으면 좋으련만.

보기엔 좀 무서워도 우리는 사랑이 넘치는 동물이야. 우리 새끼들 본 적 있니? 반전 그 자체야. 또랑또랑한 눈망울에 까만 털이 꼭 강아지처럼 귀엽지. 새끼들의 안전을 위해 우린 새끼를 땅속에 낳아 거기서 애지중지 키운단다. 그리고 우두머리의 새끼를 키울 때는 무리의 모든 암컷이 다 공동 육아에 참여하지. 비록 새끼들은 태어날 때부터 어미의 계급을 따라가지만 말이야. 너희 인간 세상엔 "한 아이를 키우려면 한 마을이 필요하다."라는 속담이 있다지? 우린 그걸 아주 잘 실천하는 '개념 동물'이라고!

아무튼 우리의 외모나 목소리만 가지고 이상한 편견을 갖지는 말아 줘. 우린 생존력 하나는 최고라 인간이 멸종한 후에도 여전히 특유의 울음소리를 내며 살고 있을걸? 지금도 마찬가지지만 그때도 우린 어리석게 멸종한 인간을 함부로 비웃지도, 동정하지도 않을 거야. 그러니 잘 살아남으라고. 우히히!

야생의 본능은
쉽게 사라지지 않는 법

판다의 편지

안녕? 난 판다야. 내 친구 푸바오가 워낙 인기 스타가 된 덕분에 이제 판다를 모르는 사람은 없는 것 같아. 우리 판다는 원래 중국 고산 지대에만 사는 고유 동물이야. 사람들이 우리를 좋아하니 중국은 자기 맘에 드는 국가가 생기면 우리 판다를 한 쌍씩 선물하면서 친분을 쌓지. 최초로 우리를 외국에 보낸 건 1941년의 일이래. 그때 중일 전쟁이 한창이었는데 미국이 중국을 적극 도와주었다나 봐. 그 답례로 중국의 장제스 총통이 미국에 판다 한 쌍을 선물했지. 우리가 여행을 좋아하긴 하지만, 사는 곳을 벗어나 낯선 나라에서, 그것도 동물원 같은 곳에서 구경거리로 갇혀 사는 건 무척 견디기 힘든 일이야.

한때는 멸종 위기였지만

우리의 검고 흰 무늬를 신기하게 생각하는 사람이 많다며? 그건 예쁘게 보이기 위한 패션이 아니라 눈표범 같은 천적을 피하기 위한 일종의 위장 무늬야. 지금은 인간들에게 잘 보호받고 있지만, 예전에는 호랑이나 눈표범 그리고 우리 가죽을 노리는 사냥꾼의 습격을 많이 받았거든. 그래서 우리 무늬가 점점 주변과 섞여 들어가는 특이한 무늬로 진화했다고 해. 인간들에게 잘 보이려고 그런 건 아닌데, 너희 마음에 들어서 꼭 나쁠 건 없지.

우리는 얼마 전까지 멸종 위기에 처해 있었어. 그런데 워낙 전 세계 사람들의 사랑을 한 몸에 받다 보니 중국 정부도 우리를 각별하게 대하고 있어. 밀렵으로부터 보호해 주고 우리가 짝짓고 새끼를 낳을 수 있도록 도와주었지.

==역사적으로 특이한 동물들은 보통 사람들에게 발견되면 멸종이라는 결말을 맞곤 했는데, 판다는 멋진 털 무늬와 푸근한 외모 덕분에 운 좋게 보호받는 경우야.== 다행이긴 하지만, 동물의 한 종에 불과한 인간에게 잘 보여야만 겨우 살아남을 수 있다니 어딘가 씁쓸하기도 해.

아, 우리 무늬가 꼭 검은색과 흰색만 있는 건 아니야! 중국 산시성의 친링산맥에 사는, 전 세계에 일곱 마리뿐인 친링판다는 갈색과 흰색이야. 또 일부 돌연변이 종들은 북극곰처럼 검은색이 아예 없기도 해.

판다들은 자연에서도 번식이 무척 까다로운 동물이야. 그러니 사람과 같이 있을 때는 더욱 그렇지. 사실 우리는 애초부터 고산 지대에서, 아무도 모르는 은둔의 왕국에서 살아왔으니 굳이 수를 많이 늘릴 필요가 없었어. 작은 집단을 유지하는 게 오래 사는 데 도움이 되기도 했단다.

그래서 짝이 마음에 안 들거나 기분이 내키지 않으면 그해에는 새끼를 낳지 않고 몇 년씩 거르기도 하지. 암컷들은 일 년에 한 번 정도 짧은 기간에만 새끼를 가질 수 있는데, 그 시기를 넘기면 끝이야. 사람처럼 말하자면 우린 자손에 얽매이지 않는 자유로운 삶을 추구하는 거지.

우리는 모두 각자 따로 살아. 어려운 말로 하면 단독 생활 동물이야. 그래서 수컷이든 암컷이든 누군가 곁에 붙어 있으면 좀 불편하고 귀찮아.

게다가 우리는 주로 푸르른 대나무 가지와 잎, 죽순을 먹고 사는데 이것들은 영양가가 거의 제로에 가까워. 그것만 먹고는 몸에 지방을 축적할 수 없어서 겨울이 와도 겨울잠을 못 자. 이런 상황이라 에너지를 아끼기 위해 최대한 움직이지 않고 맨날 잠을 자는 거야. 그러니 우리가 게으르다는 오해는 없길 바라.

판다의 엄지손가락

미끌미끌한 대나무는 알다시피 손에 잘 쥐어지지 않잖아. 그래서 우리가 또 하나 억지로 만들어 낸 손가락이 있어. 이걸 판다의 여섯 번째 엄지손가락이라고 불러. 원래 곰들은 엄지가 없거든. 우리 손에 있는 것도 진짜 손가락이 아니라 혹이나 돌기 같은 거야. 필요에 의해 오랜 세월을 거쳐 만들어진, 진화와 유전의 위대한 산물이지. 그게 얼마나 편리한지 몰라.

영화 〈쿵푸 팬더〉 속 주인공 판다가 좀 엉뚱해 보여도 실은 우리 판다들의 성격을 아주 잘 반영하고 있어. 우린 정말 엉뚱하고 장난치는 걸 좋아해. 다른 동물들이랑 싸우지는 않지만 힘이 세고 추위에도 강하지. 한마디로 평화주의자이야. 너희가 좋아하는 MBTI로 말하자면 I와 F인, 내성적이지만 정이 많은 동물이야.

그런데 우리는 곰일까, 너구리일까? 덩치와 모양만 보면 딱 중간 크기 정도의 곰이 맞아. 그런데 한때 우리의 식성과 부드러운 성격 때문에 인간들은 곰과 별개인 판다과 동물로 따로 분류하기도 했어. 그 분류엔 너구리같이 생긴 레서판다도 함께 포함시켰지. 하지만 어딘가 들어맞지 않았나 봐. 인간들은 한동안 우리의 정체에 혼란을 겪다가 지금은 다시 곰과 한 종으로 구분하고 있더라. 우리는 공식적으로 지구의 여덟 번째 곰이야.

곰은 원래 홀로 강하고 자유로운 영혼의 소유자들이지. 우리도 마찬가지야. 가끔 우리가 순하다고 덤볐다가 큰코다치는 경우도 많아. 어린 곰돌이 때야 어느 곰이든 강아지처럼 친근하고 잘 따르니, 우리를 인형처럼 안고 뒹구는 게 가능하지. 하지만 다 큰 판다는 위험하다 느끼면 사람을 공격하기도 해. **야생의 자기 방어 본능은 쉽게 사라지지 않는단다.**

싫어도 좋아도 언제나 네 곁에

2부

멸종하지 않고
갇히지 않고
자기답게 살고 싶은
친구들로부터

나도
천천히 자라고 싶어

안녕! 난 매미야. 맨날 "맴맴맴." 하면서 달콤한 여름 단잠을 깨워서 미안해. 날씨도 더운데 요란한 소리가 들리면 무척 신경에 거슬릴 거야. 그런데 그건 어쩔 수 없어. 이렇게 맨날 울고 있어야 그나마 암컷들이 모여서 서로 짝을 지을 수 있거든. 난 마음이 늘 바빠. 항상 '오늘이 아니면 안 돼!' 하는 쫓기는 느낌으로 살고 있어.

이렇게 펜을 든 건 우리의 이런 답답한 심정을 누구에라도 호소하고 싶어서야. "시끄러운 매미, 진짜 싫어!" 하고 말하기 전에, 차마 눈물 없이는 들을 수 없는 우리 이야기 들어 볼래?

우화라는 자연의 방식

우리는 짧게는 5년, 길게는 15년을 마치 '잠자는 땅속의 공주' 처럼 땅속에서 죽은 듯이 잠만 자. 그러다 어느 날 여름, 왕자의 진한 키스 같은 따듯한 기운이 대지에 감돌면 갑자기 몸속에서 '이제는 나가자!' 하는 신호가 울려. 그러면 주변의 매미 모두가 미친 듯이 땅을 뚫고 나와서 각자 가까운 나무 위에 열을 지어 올라가. 그러다 마취된 듯 한자리에 뚝 멈춰 서고는 거기에서 허물을 벗고 갑자기 세상을 다 산 것 같은 번듯한 어른이 되지.

매미에겐 유아기와 청소년기가 없어. 우리 같은 벌레 중엔 번데기나 애벌레에서 갑자기 날개 있는 어른벌레로 변하는 '우화'를 거쳐 바로 어른이 되는 경우가 흔해. 자연에서 사는 한 가지 삶의 방식이지. 나무 위에 우화의 흔적으로 남겨 놓은 미라 같은 우리 껍질은 너희에게 좀 징그럽게 보이기도 하나 봐.

아기였다가 바로 어른이 되면 좋을까? 그게 때로는 삶에 유리하기도 하고 때로는 불리하기도 해. 일단 위험하고 긴 유년 시절이 없으면 종 전체의 생존에 유리하지. 반면 갑작스레 커 버린 동물은 어찌할 바를 모르게 돼. 그저 본능에 따라 정신없이 나무를

오르는 거야. 누가 시키지 않아도 수컷들은 일제히 한곳에 자리 잡고 드럼처럼 가슴 양옆의 공명판을 북 삼아 몸 전체로 울어. 암컷들은 그런 수컷들을 열심히 찾아다니며 짝짓기를 한단다.

짝짓기가 끝나면 뭘 하냐고? 글쎄, '다음엔 무슨 일을 해야 하지?' 하고 아무리 생각해 봐도 도무지 다른 일이 떠오르질 않아. 하지만 오래 고민하지는 않아도 돼. 어느 순간 몸에 마비 같은 게 오거든. 그러면 나도 모르게 날다가 휘청거리게 되고 어느 순간 길 위에 뚝 떨어져서는 더 이상 일어나지 못하게 돼. 나도 모르는 채 때 이른 죽음이 거짓말처럼 닥치는 거지.

너희들은 이런 어처구니없는 삶을 안 살아도 되니 얼마나 행복하니? 천천히 자라면서 이것저것 즐거움과 기쁨도 경험하고, 서서히 늙어 가면서 사랑과 슬픔도 알게 되잖아. 느린 삶이 얼마나 부러운지 몰라. 다행인지 불행인지 우리는 미처 그런 생각을 깊이 할 새도 없이 짧은 생이 끝나. 우리 인생엔 겨울이 없단다.

매미의 다섯 가지 덕

「개미와 베짱이」이야기에서 베짱이는 맨날 노래만 부르며 겨울을 대비하지 않는 게으른 녀석으로 나오잖아? 베짱이도 어지간히 억울하겠어. 베짱이도 우리처럼 겨울이란 계절을 살아서 맛볼 수가 없거든. 메뚜기, 사마귀를 비롯해 곤충 대부분은 태어난 해의 짧은 여름만, 조금 더 길게는 늦가을까지만 살다가 겨울을 맞지 못하고 다 사라져 버려.

개미는 겨울잠으로 겨울을 날 수 있지만 베짱이는 여름 한 철 정말 열심히 온몸으로 연주를 해서, 운이 좋으면 천생연분의 짝을 만나 결혼하고 알을 낳은 후에 생애를 마감할 뿐이야. 개미를 찾아가 비굴하게 구걸할 일은 결코 없지!

이게 우리 운명이니 받아들일 수밖에 없어. 혹시 생각할 줄 아는 매미가 나타나 오래 사는 동물들을 부러워하게 된다면 그 매미는 불행해질 거야. 인간들의 옛말에 '식자우환'이라는 게 있다며? 아는 게 오히려 병이 된다는 뜻인데, 바로 그와 같아. 많이 아는 것보다 차라리 모르고 사는 게 더 행복하려나?

그러니 시끄럽다고 욕하지만 말고 어여쁜 눈으로 봐 줘. 우리가 우는 나무 밑에서 우리 연주도 한번 감상해 봐. 바람에 이끌려 수천수만 마리가 "맴맴." 하고 일제히 소리를 내면 바다에 파도가 치듯 제법 리듬감도 있고 오케스트라처럼 조화로운 화음도 들을 수 있단다. 또 돌림노래처럼 하나가 울면 근처 나무의 매미가 따라서 울어. 그렇게 그다음, 그다음 나무의 매미들도.

여름에 우리가 있어 세상이 외롭지 않은 건 아닐까? 우리가 없는 침묵의 여름을 한번 상상해 봐. 조용할 거야. 우리가 사라지면 새들도 사라지고 세상의 음악도 모두 의미를 잃을 테니.

너희 조상들은 우리를 매우 존중했단다. 우리가 다섯 가지 덕을 지닌 동물이라며 칭송해 마지않았지. 선비의 갓끈을 닮은 입, 이슬만 먹는 청렴함, 농작물을 해치지 않는 염치, 집을 짓지 않는 검소함, 때를 맞추어 사라질 줄 아는 믿음의 동물이라며 본받으려 했지. 우리를 너무나 사랑한 나머지 관직에 올라가면 매미 날개 모양 모자인 익선관을 만들어 쓰기도 했어. 신하들은 물론 임금도 그 모자를 즐겨 썼지.

이런 긍정적인 눈으로 우릴 바라보면 너희도 배울 게 참 많을 거야. 자연에서는 잡아먹으려는 게 아니라면 서로 해치지 않아. 조화로운 삶을 추구하지. **부디 자연을 본받아 살던 너희 조상들의 위대한 지혜를 잊지 말아 주렴!**

우린 멸종하지 않았어, 잠시 떠났을 뿐

안녕? 난 호랑이 중에서도 시베리아호랑이야. 차디찬 바람이 쌩쌩 부는 러시아 시베리아 지방에서 이 편지를 쓰고 있단다. 내가 백두산호랑이가 아니라서 실망했니? 어쩔 수 없어. 백두산호랑이는 이미 멸종해 버렸거든. 한반도에선 더 이상 호랑이를 볼 수 없지. 대한민국의 옛이야기에 숱하게 등장하던 그 녀석들이 싹 사라졌다니, 참 아쉬워.

다행스럽게도 백두산호랑이는 시베리아호랑이의 일종이야. 우리는 알고 보면 다 일가친척이란 뜻이지. 호랑이는 모두 '판데라 티그리스'라는 한 종이야. 주로 아시아 지역에만 살지.

여전히 백두산호랑이가 그립니? 그 친구들 이야기를 좀 해 볼까나?

불공정한 게임

　제왕의 위치에 걸맞게 점잖게 말하고 싶지만, 시작부터 좀스러운 이야기를 해야겠어. 대한민국의 건국 신화인 단군 신화가 좀 불만이거든. 그 신화에서는 우리 조상을 곰과 대결시키잖아. 사실 그 대결은 공정하지가 않아.

　육식 동물은 먹지 못하는 쑥과 마늘을 주면서 동굴 안에서 100일을 버티라는 게 말이 되니? 곰들은 남극과 북극에 사는 녀석들 외에는 주로 초식을 하는 잡식 동물이라 뭐든 먹을 수 있고, 또 원래 겨울잠을 자니까 그냥 겨울잠 잔다 생각하고 100일만 꾹 참으면 되잖아.

　이건 애초부터 곰에게 너무나 유리한 게임이었어. 다시 생각해 봐도 너무 억울해.

　우리 호랑이 방식대로 했다면 둘이 한번 크게 힘으로 싸워서 이긴 편이 군말 없이 사람이 되는 걸로 했을 텐데. 하지만 우리 조상들은 호랑이답게 호연지기로 그 불공정한 대결을 잘 참아 냈고 결과도 받아들였지. 앞으로는 그런 불공정한 게임은 절대 하지 않을 거야.

그거 아니? 백두산호랑이는 한국호랑이 또는 고려호랑이라고 특별히 달리 부르기도 할 만큼 크고 털이 아름다웠다고 해.

예전에는 표범이나 호랑이나 다 통틀어서 그냥 '범'이라고 불렀어. 그 조그맣고, 비겁하게 나무 위에서 몰래 사냥하는 표범 녀석들하고 우리를 감히 동급 취급하다니! 우리 조상들은 자존심이 꽤 상했을 거야.

왕관을 내려놓고 싶지만

예전에 아시아 지역에서 살았던 사람들은 영웅이 되려면 우리 호랑이 한 마리쯤은 맨손으로 때려잡을 줄 알아야 했어. 물론 대부분 신화 속 이야기였지. 진짜 그게 가능한 사람은 못 봤어.

그런데 아프리카 마사이족들은 다르더라. 사자 한 마리를 어떤 수단으로든 잡아 와야 비로소 성인으로 인정해 줬어. 마사이족처럼 나랑 한번 맨손으로 붙어 볼 사람, 혹시 있니?

호랑이는 아시아 여러 나라에 두루 있지만, 특히 대한민국에서 크게 사랑받았지. 백두산호랑이는 누가 뭐래도 대한민국의 상징이야. 대한민국에서는 국가대표 축구팀에서도, 유명한 프로

야구팀에서도 호랑이를 상징으로 삼고 있잖아. 또 옛이야기는 대부분 '호랑이 담배 피우던 시절'로 시작하지.

호랑이가 직접 등장하는 이야기도 참 많아. 물론 내가 듣기에 썩 유쾌한 이야기는 아니야. 호랑이가 밧줄 타고 오르다가 떨어지고, 곶감 따위에 놀라 달아나고……. 인간들은 현실에서라면 감히 쳐다보지도 못할 호랑이를 이야기 속에서는 마구 놀려 먹더라. 그런 건 다 이해할 수 있어. 약자들은 본래 강자를 뒤에서 놀리면서 사는 법이니까.

나도 그런 농담을 하면서 웃고 싶은데 나보다 강한 녀석이 없네. 그저 하늘에 대고 "어흥!" 할 수밖에. 왕은 누가 뭐라든 왕관의 무게와 쓰라린 고독을 견딜 줄 알아야 해. 하지만 왕 노릇도 지겨워. 이제 그만 왕관을 내려놓고도 싶어.

호랑이의 천국과 지옥

과거의 한반도는 호랑이의 천국이자 지옥이었어. 어쩌면 지옥에 더 가까웠을지도 몰라.

백제의 계백 장군 이야기를 다룬 〈황산벌〉이란 영화가 있어.

병력이 백제보다 무려 열 배나 많은 신라에 맞서 싸운 '황산벌 전투'를 소재로 했어. 영화에서는 계백의 아내가 죽기 직전에 이런 피 맺힌 말을 남겨.

"사람은 이름 때문에 죽고 호랑이는 가죽 때문에 죽는 거야! 정신 차려!"

"사람은 죽어서 이름을 남기고 호랑이는 죽어서 가죽을 남긴다."라는 속담을 비튼 것인데, 나는 참 그럴듯하다고 생각했어. 우리 조상들이 지나온 길이 꼭 그랬거든.

러시아와 중국을 거쳐 바이킹이나 오랑캐 같은 무자비한 사람들의 박해를 피해 내려온 백두산호랑이들은, 산이 많은 대한민국에서 고려 시대까지는 전성기를 누렸대. 그러다 보니 호랑이 수가 엄청나게 불어나 호랑이가 사람을 사냥하는 '호환' 같은 불행한 사고가 끊이지 않았다고 하지. 조선 초기부터 호랑이는 없애야 할 동물로 낙인찍혀 버렸어. 호랑이를 사냥하는 게 업무인 '착호군'이라는 군사 조직까지 만들어 닥치는 대로 호랑이를 잡아들이기 시작했어.

거기다 나중엔 일본 사람들이 쳐들어와서는 비싼 호랑이 가죽을 손에 넣겠다고 한반도의 호랑이와 표범을 몽땅 사냥하고 다녔지. 그 시기가 백두산호랑이들에게는 지옥 같은 시간이었단다.

호랑이가 다시 대한민국의 상징이 되고, 허울뿐인 명예나마 회복한 것은 그렇게 수많은 백두산호랑이가 목숨을 빼앗기고, 깊은 산에서도 찾아보기 어려울 정도로 사라져 버린 이후의 일이야.

우리 호랑이는 본래 하루에 지름으로 100킬로미터가 넘는 자기 영역을 다스리며 살아왔어. 내 영역 안에 오늘은 누가 침범했나 매일 돌아보는 거야. 우리는 주로 밤에 활동하는데 침입자가 있으면 밤낮 가리지 않고 사냥해.

워낙 영역이 넓으니 간혹 그 안에서 다른 동물이나 사람도 만나기도 하고 다른 호랑이와 영토가 겹치기도 해. 그래도 서로 건들지만 않으면 못 본 척 쉬쉬하면서 잘 살아왔어. 그랬던 우리가 한반도에서는 멸종하는 신세가 되었으니, 정말 서글프기 짝이 없어.

우리 호랑이들의 '흑역사'를 알았으니, 지금부터라도 몇 마리 남지 않은 살아 있는 호랑이를 위해 노력해 주지 않을래? 비록 대한민국에서는 호랑이를 더 이상 찾아보기 힘들지만 아직 중국

북부나 러시아에는 시베리아호랑이 수백 마리가 야생에서 활발히 움직이고 있어.

　백두산호랑이는 시베리아호랑이의 일종이라고 한 것 기억하지? 그러니 백두산호랑이는 아직 멸종하지 않았다고 할 수 있어. 마치 외국에 나가 독립운동을 하던 선조의 자손들이 그곳에 여전히 살아 있는 것과 비슷하달까?

　시베리아호랑이들을 보호하는 것은 살아 있는 영혼을 품는 길이야. 눈을 감고, 홀로 100킬로미터의 차가운 눈벌판을 누비는 호랑이를 한번 상상해 봐. 가슴이 두근거리지 않니? 잊지 말아 줘. 백두산호랑이는 멸종한 것이 아니라 너희 곁을 잠시 떠나 있을 뿐이라는 걸.

우린
인간을 차별하지 않아

헤이, 요! 나 누군지 잘 알지? 맞아. 난 개야. 자주 보는 사이에 새삼 인사하려니 좀 쑥스럽구먼. 너무 친하다 보니 오히려 너희가 우리를 잘 모르는 것 같아서 이번 기회에 제대로 이야기해 보고 싶어. 사람들은 우리를 품종으로 나누는 걸 좋아해. 국제 공식 인증으로 70여 개 품종이 있다나 뭐라나. 요크셔테리어니 프렌치불도그니 하는 것들 말이야. 진돗개나 풍산개도 그런 품종에 속하지. 너는 어떤 종을 좋아하니? 개라면 다 좋아한다고? 오, 내가 가장 듣고 싶은 정답이야! 칭찬해.

어떤 사람들은 품종을 마치 개의 계급인 양 생각하기도 하더라. 우린 모두 똑같이 사랑받고 싶은데 말이야.

개와 늑대가 다른 점은

너희는 늑대랑 친구 할 수 있니? 사실 우리는 여전히 늑대 종에 속한단다. 한국늑대나 호주의 딩고를 늑대 종의 '아종'이라고 불러. 아종이란 말하자면 같다고 하기엔 많이 다른데, 아주 남이라고 하기엔 또 비슷한 데가 있는 관계랄까? 중요한 건 우리에게 늑대의 피가 흐른다는 거지. 개와 늑대는 달라 보여도 같은 종이기 때문에 서로 짝을 지을 수 있어.

그런 상상 해 본 적 있니? 만일 우리가 다시 야생에 나간다면 어떻게 될까? '집돌이'가 되어 버린 소형견들은 모르겠지만 진돗개 같은 대형견은 금방 늑대처럼 집단을 이룰 수 있을 거야. 능력에 따라 우두머리부터 차례로 서열을 나눈 뒤엔 사회생활도, 합동 사냥도 가능하단다.

개랑 늑대의 차이가 있다면, 개가 늑대보다 대체로 입 길이와 몸집이 작고 눈은 상대적으로 크다는 점? 그리고 개는 꼬리를 더 잘 흔든다는 점 정도? 아, 개끼리는 잘 뭉치지 않고 공격성이 덜해. 사람들이 원하는 방향으로 길들여진 거지. 그래서인지 어떤 인간 학자들은 우리를 '미성숙한 어린 늑대들'이라고 부르더라.

커서도 마치 어린 늑대처럼 자기가 좋아하는 동물을 잘 따르는 철부지 늑대들이 개가 되었다는 의미야. 좀 자존심 상하지만 인정할 건 인정해야지 뭐!

그럼 사람들은 언제부터 우리 개를 길들였을까? 개와 인간이 무척 가깝고 소중한, 친구 같은 관계를 맺은 건 3만여 년 전 구석기 시대부터 시작되었다고 해. 무척 오래되었지? 그런데 그보다 훨씬 이전이라고 주장하는 학자도 많아. 인류는 아프리카에서 탄생해 전 세상으로 퍼져 나갔는데 그들이 10만 년 전 아프리카를 떠날 때 개들도 그 옆에 함께 있었다는 증거가 있다나!

그때를 한번 상상해 볼까? 어떤 인간이 늑대 새끼들을 숲에서 우연히 발견해 집으로 데려와 재미로 키워 보았어. 그러다 그중 말 잘 듣고, 아무거나 잘 먹는 새끼가 있길래 그 녀석만 집중적으로 돌보기 시작했지. 그러면서 서로 조금씩 친해졌는데, 그 와중에 사람들은 금세 개가 엄청난 효용이 있다는 사실을 깨닫게 됐어.

야행성인 개들은 인간이 잠잘 때 한숨도 안 자고 보초를 서고, 사냥하기 어려운 새나 멧돼지를 잡아 우두머리라고 생각하는 사람한테 바치기도 했지. 인간은 사냥의 협력자이자 든든한 보디가드로 개를 정성스레 길들이고 늘 데리고 다니게 되었을 거야.

인간의 영원한 친구

요즘에도 우리 친구들은 곳곳에서 맹활약 중이야. 암 조기 진단에, 사람보다 수천 배나 뛰어난 개의 후각을 이용하기도 해. 암 환자가 풍기는 특이한 냄새가 있거든. 장애인을 돕는 안내견이 있다는 건 잘 알지? 구조된 여러 동물이나 입원한 사람 곁에서 스트레스를 줄여 주는 치료견도 있단다.

우리는 진심으로 잘해 주는 사람이면 다 좋아해. 그래서 감옥이나 양로원에서 지내는 사람들이 우리를 만나면 새로운 활력을 얻고 치매 같은 난치병에도 큰 도움을 받는다고 해.

요즘 우리나라에 버려지거나 주인 잃은 개가 많아졌는데 안락사시키는 대신 이런 곳에 적극 활용한다면 개들에겐 생명을, 사람에겐 삶의 원동력을 주는 일석이조가 될 텐데!

또 요즘 우리는 '심장 의사'라는 멋진 별명으로도 불린대. 개를 키우면 산책을 시켜야 하니 인간도 자연스럽게 운동을 하게 되고 그 덕에 심장이 튼튼해진다는 거야. 역시 우리 개들은 참 남다르다니까!

이런 일은 참 보람찬데, 그렇지 않은 일도 있어. 인간들은 우리 개들을 정말 끔찍한 일에 동원하기도 했어! 제2차 세계 대전 때 소련은 개를 훈련시켜서 폭탄을 메고 탱크에 뛰어들게 했어.

또 최초의 우주 비행에도 개를 데려갔단다. 1957년에 소련의 스푸트니크 2호를 타고 우주로 날아간 '라이카'란 개였어. 우주 비행을 해서 좋았겠다 싶니? 라이카는 발사된 지 일곱 시간 만에 극심한 스트레스로 인해 그만 우주의 별이 되고 말았어.

이 친구들을 생각하면 마음이 아파. 제발 우리를 좋은 일에만 활용해 줘. 그러면 우리도 기쁘게 도울게.

어떤 사람들은 우리를 살뜰히 챙겨 주기도 해. 너희가 개를 위한 휠체어를 만들어 준 덕분에 다리가 한두 개 없어도 휠체어를 타고 힘차게 달릴 수 있게 됐어. 이런 점은 너희에게 얼마나 고마운지 몰라.

우린 앞으로도 계속 인간의 영원한 친구로 남고 싶어. 그러자면 우리 사이에 어느 정도 거리를 두고 서로 신뢰와 존중으로 대해야 해. 너희가 우리를 친구로 대한다면 우리 개들은 기꺼이 너희의 좋은 친구가 될 거야.

네가 행복하면
우린 그냥 행복해져

안녕? 난 장화 신은 고양이…… 가 아니라 그냥 흔한 일반 고양이야. 걔가 워낙 유명한 게 부러워서 한번 말해 봤어.

우리는 인간이 길들인 여러 가축 중에서 가장 성공한 사례가 아닐까 싶어. 왜냐고? 잘난 척하기 좋아하는 너희 인간들이 스스로 '집사'라며 몸을 낮추면서 주인 대접을 해 주는 동물이 우리 고양이 말고 또 어디 있니? 인간에게 길들여지면서 살기가 더 좋아진 동물은 우리밖에 없을걸!

물론 항상 그랬던 건 아니야. 또 모든 고양이가 그런 것도 아니지.

지금 당장 야생에 나가도

역사 속에서는 한때 우리도 참으로 비참한 시절이 있었어. 서양의 중세 시대에, 페스트 같은 여러 전염병이 창궐할 때 '마녀사냥'이 유행한 적이 있었잖아. 엉뚱한 사람을 마녀로 몰아서 심하면 목숨을 빼앗기도 했던 그 무시무시한 마녀사냥! 그때 희생당한 것은 여자들만이 아니었어. 우리 고양이들도 단지 마녀들이 좋아하는 동물이라는 이유로 억울한 누명을 쓰고 같이 화형이나 교수형을 당해야 했어!

그뿐이니? 고대 이집트에선 주인이 죽으면 같이 살던 고양이도 죽여서 미라를 만들어 주인의 영혼과 함께 저승길을 함께 가게 했어. 모두 시대나 주인을 잘못 만난 탓이지. 우리 조상들이 겪은 고초를 생각하면 요즘 고양이들은 참 팔자 좋은 시절이지 뭐야.

사람들은 우리를 길고양이와 집고양이로 구별하더라. 길고양이들은 주인에게 버림받은 고양이 혹은 밖이 좋아서 스스로 나간 낭만주의 고양이들이지. 물론 양다리를 걸치는 녀석도 있어. 야생과 집을 오가며 아슬아슬한 양쪽의 삶을 둘 다 즐기는 거지.

난 집고양이로 살고 있지만, 지금 당장 야생에 나가도 문제없어! 뭘 믿고 큰소리치냐고? 잠깐 자존심 따윈 내려놓고 쓰레기통을 뒤질 수도 있고, 은밀하게 비둘기 사냥을 할 수도 있지. 그렇게 한두 번 해 보면 내 안에 감춰져 있던 야생의 본능이 나도 모르게 스멀스멀 깨어날 거야. 난 내 본능을 믿어.

우리 고양이들은 원래부터 인간과 친하지는 않았어. 지금부터 약 5000년 전에, 지금도 야생에서 살아가는 리비아사막고양이 한 마리가 우연히 가정집을 찾아가 정착하면서부터 가축화가 시작된 거래. 걘 왜 그랬을까? 아마 배가 몹시 고팠거나 어디가 많이 아팠을 거야. 너희 속담에도 "사흘 굶어 담 아니 넘을 놈 없다."라는 말 있잖아.

인간을 제 발로 찾아갔다고 해서 우린 그 최초의 리비아사막고양이를 자존심도 없는 놈이라고 생각하진 않아. 어떤 고양이든 자유로운 영혼이 있고 우린 그걸 서로 완전히 존중하지.

프랑스의 동화 작가 샤를 페로가 쓴 「장화 신은 고양이」에는 사람처럼 말할 줄 아는 영리한 고양이가 등장해. 그 고양이가 기발한 속임수 작전을 벌여 평범하고 어리석은 농부를 공주와 결혼까지 성사시킨다는 흥미진진한 이야기지.

아마 나를 포함해 모든 집고양이가 능력만 된다면 아무리 못난 주인이라도 그렇게 해 주고 싶어 할 거야. 주인이 잘되면 덩달아 우리의 생활도 윤택해지니까. 무엇보다 주인이 행복하면 우리도 그냥 행복해져. 우린 은혜라면 언제든 갚을 준비가 되어 있단다. 그게 우리가 사냥한 쥐라면 좀 곤란하려나?

고양이의 도시 전설

사람들은 우리 고양이에 대해 여러 가지 이상한 상상을 많이 하더라. 혹시 고양이는 목숨이 아홉 개라는 속설을 들어 봤니? 설마 정말 그렇다고 생각하지는 않겠지? 나 그 이야기 듣고 배꼽 잡고 깔깔 웃었잖아.

왜 그런 말이 생겼을까 곰곰 생각해 봤는데, 아마 우리가 자기 키보다 몇십 배나 높은 지붕에서도 훌쩍 뛰어내리고, 또 얼마간 소리 없이 사라졌다가 갑자기 어디선가 멀쩡히 나타나는 걸 보고 그런 생각을 한 것 같아. 근데 세상에 목숨이 몇 개씩 되는 동물이 어디 있겠어? 그건 그냥 도시 전설에 불과해. 나도 그렇게 목숨이 여러 개라면 참 좋겠네.

난 요즘 물을 많이 마시려고 애쓰고 있어. 사실 고양이는 황량한 사막 태생답게 물을 싫어하고 많이 마시지도 않는단다. 그래서 그런지 특히 신장, 방광, 요도 같은 비뇨 계통에 병을 많이 걸려. 예를 들면 방광 안에 작은 돌이 생겨서 오줌을 쌀 때마다 그 딱딱한 게 좁고 부드러운 오줌 통로를 막아서 아프기도 해. 너희들도 물을 조금씩 자주 마시는 습관을 들이면 건강에 큰 도움이 될 거야.

우리 조상들은 야생에서 각자 혼자 살아서 전염병 같은 건 전혀 몰랐대. 하지만 이제 우린 처지가 달라. 집 안이나 이웃에 다른 고양이가 가진 전염병이 물건이나 사람을 타고 우리에게 옮는 경우가 아주 흔하거든. 심장사상충 같은 병은 원래 개들이 주로 걸리던 병이었는데 이젠 우리 고양이들도 쉽게 걸려.

서로 돌보며 오손도손 모여 사는 생활은 심심치 않아 좋기는 하지만, 이런 위험이 항상 양날의 검처럼 함께하지.

조화롭게 살기

요즘 사람이 키우다가 버린 수많은 길고양이가 조용한 밤의 도시에 소음 문제를 일으키나 봐. 밤의 적막을 깨트리는 고양이 울음소리에 질겁하는 사람도 많지. 인간 아기의 울음소리를 닮아서 더 그런가 봐. 하지만 야행성은 본능이라 우리도 어쩔 수 없다고! 밤에 우는 길고양이들을 너무 미워하지 말아 줘.

또 고양이들이 공원이나 숲에서 다른 작은 야생 동물들을 해쳐서, 여러 가지 난처한 문제가 생기나 봐. 저번에 제주 마라도에서는 우리가 천연기념물이자 국제 보호 종인 뿔쇠오리들을 공격한다고 우리를 몽땅 추방하기도 했지. 뿔쇠오리들에게는 좀 미안하지만 우리도 할 말이 없는 건 아냐. 이건 고양이 수가 여기저기 너무 많아진 탓이거든.

사실 우린 수가 많아도 꽤 조화롭게 잘 사는 편이야. 동물들은 자기들이 살 수 없을 정도로 수가 불어나면 스스로 일부가 쪼개져 다른 곳으로 이동하여 새로운 터전을 개척한단다. 우리 역시 본능적으로 그래.

그런데 버려지는 고양이가 너무 많다 보니, 본능으로도 해결이 안 되는 수준에 이른 거야! 버려지는 길고양이가 점점 더 많아진다면 결국 산과 들판을 온통 우리 고양이들이 차지하게 될 거야. 그걸 원치 않는다면, 우리 고양이들과 오래도록 잘 지낼 수 있는 방법을 너희도 고민해 줘.

  너희 주변에 늘 함께 있는 우리 고양이들을 잘 연구해 보면 다른 동물들과도 공존할 수 있는 해법을 찾게 될지도 몰라. 내 말, 잘 알겠지? 야옹!

알고 보면
우린 한편이야

"까치 까치설날은 어저께고요, 우리 우리 설날은 오늘이래요." 이 노래, 요즘도 설날이면 많이 부르니? 안녕? 난 이 노래의 주인공 까치야!

그런데 왜 까치의 설날은 어저께인지 궁금한 적 없니? 까치가 울면 낯선 이가 동네에 나타난 건데, 설 전날에는 손님이 많이 찾아오니 까치가 열심히 운다고 해서 그날을 '까치설'이라고 불렀다고 해.

사실 설날 무렵이면 우린 노래할 시간도 없이 바빠. 열심히 짝을 짓고 생가지들을 물어다 둥지를 지어야 하거든. 세상의 높은 곳은 다 우리의 둥지가 될 수 있단다. 우린 누구도 결코 집짓기를 게을리하지 않아. 멋진 집 짓기는 우리 생의 과업이자 운명이거든.

적당한 관심이 좋아

아마 너희는 우리 까치에게 별로 관심이 없을 거야. 언제나 너희 곁에 있으니까. 항상 만나는 동네 사람들은 익숙해서 특별히 관심을 두지 않듯이. 너희의 관심을 받지 못해도 우린 전혀 서운하지 않아. 오히려 그것이 바로 원하는 거야. 동물들은 사람들의 특별한 관심을 받지 않을 때 훨씬 더 잘 살곤 해.

만약 너희가 어느 날 갑자기 우리에게 깊은 관심을 갖고 빤히 바라보기 시작한다면 우린 너희를 곧장 이웃에서 적으로 바라보게 될 거야. 그게 우리가 사람과 공생해 온 오랜 방식이기도 해. '사람은 원래 믿을 게 못 되니 한시도 사람에게서 경계를 늦추지 마라!' 하는 태도로 살아왔지. 이렇게 대놓고 말하려니 좀 미안하구먼, 깍깍.

경계를 늦출 수는 없지만, 우린 너희가 참 좋아. 주변에 알게 모르게 먹을 것도 많이 제공해 주고, 전신주 같은 튼튼한 구조물도 많이 만들어서 우리가 둥지를 틀 수 있게 해 주니까. 그러다 가끔 고압 전류에 감전되기도 하지만 그건 딱히 너희 잘못은 아니고.

그런데 요즘 너희들, 까치와 전쟁을 벌이기도 한다며? 우리 둥지가 정전을 일으킨다고 해서 우리 둥지를 다 없애려 하기도 하고, 까치를 인간에게 해를 끼치는 '유해 조수'로 지정하기도 한대. 정말 슬픈 일이야. 우리가 둥지를 틀 걸 고려해서 처음부터 시설을 미리 좀 보강해서 지으면 어떻겠니? 너희는 영리하니까 그 정도는 충분히 할 수 있잖아. 또 전신주 옆에 가로수를 많이 심어 놓으면 자연 둥지를 더 좋아하는 우리가 그리로 둥지를 옮길 수도 있어. 전쟁만 하려 들지 말고 평화롭게 공존할 수 있는 방법을 선택해 줘.

예전 너희 조상들은 '까치밥 홍시'라고 홍시 수확 철에는 꼭 홍시 몇 개씩을 겨울 까치의 간식으로 남겨 놓았어. 그런 게 바로 함께 더불어 사는 덕이야. 그런 여유, 참 멋있지 않니? 너희가 그렇게 해 준다면, 우리도 동네에 사는 나쁜 곤충을 열심히 사냥할게. 또 동네에 이상한 녀석이 나타나면 깍깍하는 소리로 경고도 해 줄 거야. 예전에는 전쟁터에 적이 나타나면 우리가 한꺼번에 날아오르면서 시끄럽게 울어서 보초병 노릇을 톡톡히 했다고 해. 그런 우리 실력을 한번 믿어 봐.

게다가 우린 꽤 똑똑한 편이야. 우린 자갈이나 나뭇가지 같은 도구를 이용해서 물속에 들어 있는 먹이를 꺼내 먹기도 한단다. 고양이 밥을 먹으려고 일부러 고양이를 괴롭혀 고양이를 밥그릇에서 멀어지게 하는 치밀한 전략을 쓰기도 하지. 그렇게 똑똑하지 않으면 우리보다 더 영리한 너희 사람 곁에서 어떻게 살아갈 수 있겠니?

흔하다고 무시 마라

우리를 '바다의 킬러'라 불리는 범고래에 빗대어 '하늘의 범고래'라고 부르기도 해. 검고 하얀 깃털 색이 그 고래 색깔과 꽤 비슷하기도 하지만, 특히 우리 영역에 들어온 새라면 독수리든 매든 가리지 않고 가차 없이 공격하기 때문이야. 우리가 달려들면 웬만한 새들은 모두 놀라서 달아나 버려. 물론 하늘의 제왕인 검독수리나 수리부엉이는 워낙 센 녀석들이라 절대 안 건드리지만. 우린 그렇게 너희가 너희도 모르는 사이에 제공해 준 소중한 터전을 잘 지켜 낸단다. 이건 몰랐지? 알고 보면 우린 서로 한편이라고!

마지막으로 우리 진짜 까치 외에 까치란 이름을 쓰는 새들을 알려 줄게. 대표적으로 물까치, 산까치, 때까치가 있어. 물까치는 우리와 닮았지만 깃털이 푸른색이고 번식 철엔 주변에 다가오는 다른 동물이나 사람을 무차별로 공격한단다. 작은 발로 머리카락을 툭 치는 정도로 많이 아프지는 않으니 좀 참아!

산까치는 어치라고도 부르는데, 겨울에 도토리 같은 식량을 땅속에 묻어서 저장하는 습관이 있어. 또 다른 새들의 목소리를 아주 잘 흉내 내는 성대모사의 달인이지.

때까치는 전혀 까치 같지 않은데 까치처럼 울어서 까치라고 불러. 이 녀석은 외모는 작고 귀여운데 가시나 나뭇가지에 먹이를 산채로 꽂는 습성이 있어 '숲의 도살자'라고 부르기도 해. 걔들 먹잇감이 아닌 게 얼마나 다행인지! 그 밖에도 까치살모사, 까치수염, 봄까치꽃, 까치고들빼기, 까치깨, 까치무릇, 까치호랑이같이 까치란 이름이 들어간 동식물이 많아. 이것만 봐도 우리 까치가 예부터 너희와 얼마나 친하게 지냈는지 알 수 있겠지?

우리 까치에 대해 이제 좀 알게 되었니? 주변에 흔하다고 우리를 절대 무시하면 안 돼. 계속 무시하고 싸우려고 든다면 우리도 너희를 떠날지 몰라. **날 수 있는 새들은 원하면 어디든 갈 수 있다고. 하지만 진정 너희 곁을 떠나고 싶진 않아!**

나도 해외여행 한번 가 봤으면!

저돌적이라는 말 혹시 들어 봤니? 돼지처럼 앞뒤 따지지 않고 무조건 밀어붙인다는 말이야. 돼지는 단단하게 생긴 얼굴 모양만큼 아주 고집이 세지. 특히 먹을 것 앞에서 양보 따윈 없단다. 안녕? 난 멧돼지라고 해. 아주 저돌적이지.

집돼지는 알아도 멧돼지는 잘 모르는 사람, 많지? 우리 멧돼지는 모든 집돼지의 조상이야. 돼지는 멧돼지 오직 한 종뿐이거든. 너희가 좋아하는 집돼지는 멧돼지의 한 아종일 뿐이야. 야생에 그들을 풀어 준다면 그들도 금세 멧돼지의 일원이 될 거야. 돼지들은 늘 자연으로 나갈 준비가 되어 있단다. 꿀꿀!

통일이 된다면

요즘은 우리 멧돼지들의 전성기이자 동시에 수난 시대야. 호랑이와 표범, 늑대가 전부 사라진 산을 우리 멧돼지들이 맘껏 활개 치고 다녔는데, 최근에 갑자기 아프리카돼지열병이라는, 아프리카에서 나타난 이상한 전염병이 퍼지기 시작했어.

사람들은 우리가 그 전염병을 집돼지들에게 옮긴다고 난리야. 그래서 그 전염병이 알려진 이후로 우리 멧돼지들은 사람들의 사냥 목표가 되어서 마구 죽어 나가고 있어. 한쪽에선 전염병으로, 또 한쪽에선 사냥으로 말이야.

전염병이 발생한 건 우리 죄가 아니야! 오히려 우리가 가장 큰 피해자지. 너희 사람들이 해외여행 갔다가 몸에 묻혀 온 병이니까. 우리가 언제 한 번이라도 해외에 나가 본 적이 있니? 국경은 모두 이중 삼중 철조망으로 막혀 있어서 출입할 수가 없잖아. 예전에는 중국이든 러시아든 자유롭게 왕래했는데 지금은 휴전선에 막혀서 꼼짝도 못 하는 신세야.

어서 통일이 되어야 우리 멧돼지가 사는 영토도 넓어지고 전염병도 그만큼 줄어들 텐데. 원래 전염병은 많이 모여 살아서 발생하는 것이거든. 해외여행은 사람들이 다니고, 정작 우린 병으로 죽어 나가는데 우리를 걱정해 주는 사람은 세상에 단 하나도 안 보이는 것 같아. 정말 슬퍼.

사실 너희들이 우리 걱정 하나도 안 해도 좋아. 제발 가만히 있는 우리를 자연 그대로 놔두고 건들지 않기만을 바랄 뿐이야. 세상 어느 동물이 무기를 가진 인간에게 대적할 수 있겠니?

하지만 너희들이 우리를 계속 적대시한다면 우리도 사나워질 수밖에 없어. 너희가 산에 나타나면 도망만 치지 않고 마주 서서 공격도 할 거야. 설마 정말 그렇게 되길 바라는 건 아니지?

영리하고 깔끔한 돼지

우리 돼지들의 불행은 우리 고기가 보기보다 꽤 맛있다는 데에서 시작되었어. 사람들은 일찍부터 우리 고기 맛을 알고 있었고 그걸 더 손쉽게 구하기 위해 우릴 길들였던 거야. 우린 당장 눈앞의 먹을 것에 눈이 멀어서 사람들의 지배를 순순히 받아들였고. 안락함과 배부름의 대가가 죽음일 줄은 상상하지 못했지.

사람들은 그런 우리를 가끔 비웃더라. "배고픈 소크라테스가 될래, 배부른 돼지가 될래?" 하는 말로 우리를 조롱하기도 해. 하지만 한 끼 밥만큼 중요한 게 세상에 또 어딨니?

우리 돼지의 삶은 참 희생적이야. 사람을 비롯해 자연계의 거의 모든 포식자에게 가장 훌륭한 먹이가 되고 있잖아. 이런 삶이 한편으로 매우 불행하게 보여도 크게 보면 꼭 그렇지만도 않아. 우린 아주 일부를 희생하면서 남은 다수가 다산으로 그보다 훨씬 많은 자손을 번창시키고 점점 더 수를 불려 갈 수 있으니까. 그러니 소수의 안타까운 희생이 따르더라도 아슬아슬한 삶을 계속 쫓아 사는 거지.

==자연은 참 계산이 정확해. 아무것도 내놓지 않고 마냥 행복을 누리게 놓아주지는 않으니까. 행복에는 반드시 대가가 따른다는 걸 우리는 누구보다 잘 알고 있지. 그러니 돼지가 자기 몸을 포식자들에게 다 내어 준다고 멍청하거나 감정 없는 동물이라며 무시하진 말길 바라.==

우린 생각보다 무척 영리해. 조지 오웰의 소설 『동물 농장』을 보면 돼지는 무리를 이끄는 위대한 지도자로 나와. 실제로 우리 돼지들은 아이큐가 80 정도로 침팬지나 돌고래와 맞먹어. 개나 고양이에 비하면 압도적으로 똑똑하지.

또 우리 무척 깔끔해. 목욕도 얼마나 열심히 하는지 몰라. 돼지를 반려동물로 키우는 사람들은 이런 것을 너무 잘 알고 있지. 게다가 우리는 기본적으로 아주 가정적인 동물이야. 자기를 잘 돌봐주는 사람을 개 이상으로 잘 따를 줄 아는 의리 만점 동물이지.

언젠가 우리 돼지를 만나게 되면 슬픈 듯 깊은 눈동자, 날개 같은 큰 귀와 신비한 동굴 같은 콧구멍, 귀여운 두 발가락 그리고 분홍빛 도자기 같은 몸통을 한번 자세히 들여다봐 줘! 사랑이란 물을 주면 줄수록 상대를 더욱 깊이 사랑할 줄 아는 배려심 깊은 동물이 바로 우리 돼지란다.

외로워도 슬퍼도
나는 지저귈 거야

짹짹, 안녕? 나는 새 중의 새, 참새라고 해! 어, 그 반응 뭐야? 맨날 보는 사이라고 편지조차 별로 안 반가워하는 건 아니겠지? 제발 그러지 마. 이웃사촌이 최고라는 것 몰라? 우린 너희가 좋아서 늘 너희 곁에 사는데 반가워해 주지 않으면 섭섭하지.

사람들은 우리가 세상 걱정 없이 재잘대는 줄 아는데, 절대 그렇지 않아. 새들은 걸어 다니는 동물들보다 에너지 소모량이 훨씬 많아. 우린 날지 못하면 고양이나 너구리한테 바로 한입감이야. 그러니 끊임없이 먹어서 에너지를 보충해야 해. 참새들이 철없이 아침부터 장난치는 것 같아도, 그게 다 살기 위한 몸부림이란다.

우리는 겨울에 갈대밭으로 간다

사실 우린 워낙 낙천주의자라 너희가 좀 싫어해도 그리 개의치 않아. 그냥 아침이 밝으면 얼른 깨어나서 다른 참새들과 함께 부지런히 먹이 구하러 가는 게 인생에서 유일한 일이자 즐거움이지. '죽는 날까지 한 점 부끄럼 없이 열심히 살자!' 이게 바로 우리 참새들의 삶의 모토야. 참새가 살아 봐야 얼마나 살겠니? 고작 5, 6년 사는데 누구보다 열심히 살아야 하지 않겠어?

우린 초식성에 가까운 잡식성이야. 그래서 웬만한 건 다 먹을 수 있어. 너희들이 길바닥에 버린 음식물도 다 우리의 귀한 식량이 되지. 먹을 걸 구하기 가장 힘든 계절은 겨울이야. 그래서 우린 겨울이면 주로 갈대밭으로 가. 먹이가 부족한 겨울에 유일하게 남아 있는 게 갈대 씨앗들인데, 거기엔 지방과 단백질이 의외로 풍부해. 덤으로 갈대밭에서 자고 있는 곤충이나 그 알들도 먹을 수 있지.

물론 갈대에 영양가가 있다는 사실을 우리 참새만 아는 건 아냐. 그런데 바람에 나부끼는 연약하고 부드러운 갈대밭은 아무나 착륙할 수 없어. 그 가느다란 갈대 줄기에 아슬아슬하게 매달리려면 아주 작고 가벼운 새라야만 해. 그래서 우리보다 작은 오목눈이나 우리 참새 정도만 때로 날아다니면서 갈대밭을 훑고 다닐 수 있지. 너희는 우릴 보며 저렇게 작은 몸으로 어떻게 이 험한 세상을 살아갈까 걱정하겠지만, 이렇게 몸이 자그마한 덕택에 누릴 수 있는 행운도 있다고! 세상은 넓고 갈대밭은 널려 있으니까 겨울에도 굶어 죽을 일은 없어. 우린 배부르고 등만 따뜻해도 늘 기분이 좋아!

그런 우리가 한 가지 아쉬운 점이 있다면, 너희 인간들의 마을에 요즘 방앗간이 많이 없어졌다는 거야. 예전엔 곳곳에 방앗간이 많아서 배를 채울 수 있었는데. 방앗간 근처엔 1년 내내 낟곡이 많이 떨어져 있고 음식 부스러기도 많이 나왔거든. 방앗간이 있던 시절의 참새들은 다른 곳을 돌아다니다가도 혹시나 해서 가끔 방앗간에 들렀어. 그래서 방앗간 주변은 마치 시장처럼 언제나 참새들로 붐볐지. 우리가 방심한 틈을 호시탐탐 노리는 족제비나 삵 같은 녀석들도 자주 들렀고.

혹시 '참새 방앗간'이란 말 들어 봤니? 자주 찾아오는 반가운 손님이 온 것을 참새가 방앗간 찾아온 것에 빗댄 말이야. 유리한 기회가 생기면 절대 놓치지 말라는 뜻이기도 해.

참새가 모두 사라져 버린다면

우리가 쌀 알곡을 많이 먹는다고 해서 수확 철이 되면 너희는 허수아비도 세우고 부엉이 풍선, 독수리 연도 날리더라. 까짓 그 정도는 뭐 이해해. 하지만 인간의 역사 속에는 우리를 아예 유해 동물로 취급해서 모조리 없애 버리려 한 독재자들도 있었어.

옛 프로이센의 프리드리히 대왕은 자기가 좋아하는 버찌를 참새가 먹어 치우는 것에 화가 나서 참새를 모조리 잡아 죽이라고 명령했지. 그러고 나서 2년이 지나자 어떻게 됐게?

벚나무에 해충이 기생해 벚나무의 겨울눈뿐만 아니라 겨우 돋은 잎마저 모두 먹어 치웠어. 벚나무는 열매를 맺기는커녕 형편없는 모습으로 변해 버렸지. 결국 참새의 역할을 알게 된 대왕은 그 이후 참새를 보호하게 되었대.

중국에서는 1960년대에 '사해 추방 운동'을 펼쳤어. 해롭다고 여긴 네 가지 즉 쥐, 참새, 파리, 모기를 전멸시키는 운동을 온 국민이 펼친 거야. 중국은 이 운동을 통해 1967년까지 네 동물을 뿌리 뽑으려 했지. 그래서 어떻게 됐게?

참새가 줄어들수록 논밭에는 해충이 더욱 극성을 부려 흉작의 원인이 되어 버렸어. 그러니까 우리같이 작은 참새라고 함부로 무시하면 안 된다는 말씀!

만일 아침에 우리 참새들이 하나도 울지 않는다면 어떻게 될까? 레이철 카슨이란 학자가 1962년에 쓴 『침묵의 봄』이라는 유명한 환경 책이 있어. 여기엔 정말로 봄이 되었는데 새가 한 마리도 울지 않는 동네 이야기가 나와. 환경 오염과 무분별한 살충제 살포로 인해 벌레들이 다 죽고 새들도 그들을 먹고 연쇄적으로 다 죽어 버렸기 때문이야. 얼마나 소름 끼치는 일이니?

우리 참새들의 분주한 움직임과 재잘거리는 소리는 의외로 많은 동물과 사람에게 평화와 위안을 준단다. 그러니 우리가 침묵 속에 빠져들지 않도록 너희들이 환경을 잘 보호해야 해.

우리는 늘 너희 곁에 함께 살고 있어. 사람이 살지 않던 곳에 새로이 마을이 생기면 우리 참새 무리가 맨 먼저 찾아가서 함께 번성할 거야. 반대로 인구가 빠져나가 유령 마을이 되어 버리면 거기 살던 참새도 같이 사라지고 말 거야. **너희가 잘 사는 곳이 곧 우리 참새가 잘 사는 곳이라는 사실, 절대 잊지 마!**

놀라지 마, 우린 부활하고 있어

"여우야 여우야 뭐 하니? 밥 먹는다, 무슨 반찬? 개구리 반찬, 죽었니 살았니?" 하는 노래가 있더라. 난 개구리 잘 안 먹는데! 안녕? 난 여우, 그중에서도 붉은여우야. 혹시 우리 본 적 있니? 아마 없을 거야. 우린 대한민국에서 1980년대 초에 모두 바람같이 사라졌거든.

내가 지금 편지를 쓰는 이곳은 소백산이야. 난 원래 저 멀리 중국에서 태어나 살고 있었는데, 얼마 전에 이곳으로 이사 왔어. 물론 내 발로 알아서 이사 온 건 아니고, 대한민국 사람들이 날 여기로 데려왔지. 무려 멸종 동물 복원이라는 역사적 사명을 안고 말이야. 그러니까 지금 이 몸은 붉은여우 복원이라는 엄청난 임무를 수행하고 있다는 말씀!

돌아온 붉은여우들

대한민국에선 왜 우리 여우들이 모조리 사라져 버렸을까? 사람들이 쥐를 잡으려고 놓은 쥐약을 많이 먹어서 그랬다는 설도 있고, 죄다 전염병에 걸려서 그랬다는 설도 있어. 우리가 워낙 깔끔한 동물이라 오히려 전염병에 더 취약했는지도 모르겠어.

아니면 혹시 우리 털을 노린 사람들의 불법 밀렵 때문이려나? 한 벌을 만드는 데 여우 열다섯 마리나 필요한 여우 모피 코트가 예전에는 부자의 상징과 같았대. 마치 지금의 명품처럼 말이야. 그래서 우리를 사냥하는 사람들이 많았다나 봐. 너희 인간들은 좋은 옷감도 넘치면서 왜 그렇게 우리 털을 노리는 거야?

여러 이유 중 정확히 뭐 때문에 여우가 멸종했는지는 나도 잘 모르겠어. 너구리도 오소리도 잘 사는데 꼭 여우만 사라지다니, 정말 안타까워.

그런데 놀라지 마. 최근에 우리가 다시 부활하기 시작했어! 중국과 러시아의 야생에 붉은여우가 아직 살고 있는데, 거기서 데려온 녀석들로 2009년부터 소백산에서 복원 작업을 시작했거든. 복원이 뭐냐고? 우리나라에서만 멸종된 동물과 같은 종을 다른 나라에서 데려와 야생 터전에 조심스럽게 풀어 놓는 거야. 지리산 반달곰이 대표적인 경우고 설악산의 산양도 마찬가지야. 앞으로 따오기와 슈빌도 다 복원할 거래. 우리 붉은여우들은 잘 적응해서 현재 100마리 이상이 살고 있고 자연에서 새끼도 낳았어!

그래서 요즘 걱정이 많아. 많아진 여우들이 자연스레 서식지를 넓히려 하다가 자꾸 산길에서 차에 치여 '로드 킬'을 당하고 있거든. 논밭에 뿌려진 농약을 먹거나 덫에 걸리는 사고를 당하기도 하고. 모두 잘 살아남아야 할 텐데!

사람으로 변신할 수 있다면

너희는 우리를 자주 늑대와 짝짓더라. 늑대는 멋진 남자에, 여우는 매력적인 여자에 비유하면서 말이야. 가끔은 구미호처럼 꼬리가 아홉 개 달린 요사스러운 동물로 묘사하기도 하고.

구미호는 원래 자손을 많이 번성케 하는 행운을 불러오는 좋은 존재로 여겨졌다고 해. 그런데 점점 나쁜 요괴로 의미가 변색되어 버렸지. 가끔 사랑하는 이를 위해 자기를 희생하는 낭만적인 구미호 이야기도 있긴 하더라. 나도 사람으로 변신할 수 있다면 한번쯤 그런 사랑을 해 보고 싶어.

==사실 너희들이 생각하는 이미지와 달리 여우와 늑대는 모두 지고지순한 타입이야. 평생 일부일처로 살다가, 하나가 죽으면 나머지도 함께 따라 죽을 정도로 대단한 부부애를 보여 주는 의리 있는 동물이지.==

옛날 사람들은 우리를 많이 미워하기도 했어. 그 이유 중 하나가 우리가 무덤 주위에서 논다는 거였어. 사실 우리가 무덤을 좀 좋아하긴 해. 너희는 무덤을 양지바르고 탁 트인 곳에 만들잖아. 그런 곳은 볕이 좋아 따뜻한 데다, 우리가 모여서 오손도손 쉬기도 참 좋아. 사냥할 만한 동물들도 많이 모이는 곳이지.

그뿐만이 아냐. 특히 흙이 알맞게 부드러워서 새끼를 키울 땅굴 파기에도 적당해! 그러니 편리하게 이용할 수밖에 없지. 그런 좋은 자리에 묘를 만들고는 우리가 거길 찾아왔다고 미워하는 건 좀 공평하지 않아!

여우들은 후각과 청각이 남달리 좋아서 겨울이면 눈 속에 숨어 돌아다니는 두더지나 들쥐도 기가 막히게 발견한단다. 그런 사냥감을 발견하면 우리는 하늘 높이 점프한 다음 눈 위로 얼굴부터 온몸을 내리꽂는 대포 같은 방식으로 사냥을 해. 그게 사람들에게는 마치 한밤에 여우들이 혼자서 비보이처럼 춤추는 모습처럼 보이나 봐. 그래서 신비한 현상들에 여우비(맑은 날 갑자기 오는 비), 여우불(자연발화로 여기저기 불이 나는 현상)처럼 '여우'를 붙이는 거야.

프랑스 소설가 생텍쥐페리의 소설 『어린 왕자』에서 어린 왕자가 불시착한 곳이 사막이고, 사막여우는 그를 친구로 맞아 주는 유일한 생명체였잖아. 총명한 여우는 어린 왕자에게 '길들이기'에 대해 여러 이야기를 들려주지.

나는 그중 "네가 오후 네 시에 온다면 나는 세 시부터 행복해질 거야. 시간이 가면 갈수록 그만큼 나는 더 행복해질 거야."라는 말이 마음에 쏙 들어. 그 말처럼 우린 서로 길들여져야 편안하고 좋은 관계를 유지할 수 있어. 서로 좋아하게 된다는 건 곧 서로 편안히 길들여지는 거지.

다시 복원을 시작하고 있는 우리가 이 땅에서 크게 번성하게 되면, 이번에는 우리 싸우지 말고 서로를 정말 잘 길들여 보지 않을래?

우리를 만나려면 시간과 마음이 필요해

3부

지구에서 인간과
함께 잘 지내고 싶은
친구들로부터

너의 반려동물이 될 수 있겠니?

안녕! 난 문어야. 요즘 내가 인기라며? 넷플릭스 다큐멘터리 〈나의 문어 선생님〉이 화제가 되었다더라. 그 전만 해도 너희 인간들은 나를 겨우 맛있는 문어 다리, 다코야키, 문어숙회 그런 걸로만 알았잖아. 우리 바닷속 동물들은 대개 사람들에게 그저 맛있는 먹거리 정도지. 그런데 고마운 영상 덕에 우리를 좋아해 주고 또 더 알려고 하는 사람이 많아졌어. 그래서 나도 입을 좀 열어 보려 해.

아, 우리 입이 어디 있냐고? 우리 여덟 개의 촉수 가운데에 있어. 우리 입도 새들처럼 부리라고도 불러. 우리 부리로도 새가 하듯이 딱딱한 조개 같은 걸 깨물어 부술 수 있단다. 이제 진짜 부리를 열어 볼게.

문어에게 주어진 운명

우리 문어의 인기를 급상승시킨 다큐멘터리 이야기를 좀 해 볼까? 〈나의 문어 선생님〉에는 우리 중에 가장 평범하다 할 수 있는 바다 문어 한 마리가 나와. 어느 날 크레이그라는 학자가 여느 때처럼 바닷속에 들어갔다가 우연히 조그마한 문어 한 마리를 발견하고 왠지 모르게 흥미를 느껴. 그 후 1년 가까이 매일 물속에 들어가 그 문어를 관찰하기 시작해. 그리고 그걸 영상으로 기록하지. 며칠 동안 계속 박사가 같은 시간에 찾아오자 처음엔 경계하던 문어도 어느새 그를 친구로 인정하고는 도망치지 않고 친근하게 대해 주었어.

그러던 어느 날 문어는 파자마상어의 공격을 받아 다리 하나가 끊어지는 치명적인 부상을 입게 돼. 그 후 한동안 조용히 혼자 지내면서 회복한 문어는 파자마상어가 다시 나타나자 그 상어의 등위에 훌쩍 올라타 치명적인 공격을 피하는 놀라운 방어 기술을 보여 주지. 그리고 또 1년 후 마침내 문어는 짝을 만나 짝짓기를 하고 무수한 알을 낳아. 그리고 그 알들이 모두 부화되어 나간 6개월 후까지 제대로 먹지도 않으면서 혼자서 온 힘을 다해 알을 지키고 돌보지. 마침내 새끼들이 모두 독립해 나가자 그 역시 2년 남짓한 짧고 굵은 생애를 마치고 자기 몸을 다시 바다에 던진단다. 이 과정을 말없이 지켜본 크레이그 박사는 이 자그마한 문어의 일생을 관찰하는 동안 어느새 자기 내면의 상처를 치유해 낼 수 있었다고 해.

실은 그것이 우리 모든 문어에게 주어진 운명이야. 자연에선 새삼스러울 것이 없지. 다만 그동안 그렇게 열심히 관찰하고 기록해 주는 사람이 없었을 뿐. 우리 삶을 인간들에게 널리 알려 준 크레이그 박사님에게 고맙다는 인사를 꼭 전해 줘.

그런 다큐도 있긴 하지만, 여전히 우리 문어들은 안타깝게도 요즘 유행하는 '먹방' 프로그램에 더 단골로 등장해. 그런 프로그램에서 사람들은 우리 문어를 뜨거운 물에 산 채로 삶는 건 기본이고, 고통스럽게 죽어 가는 걸 지켜보며 즐거워하기도 해. 약육강식에 따라 우리가 인간의 먹거리라는 건 억지로 인정하지만 그래도 그렇게 한 생명을 죽이는 걸 적나라하게 보여 주고 즐거워하는 건 좀 심한 것 아니니? 심지어 저주받은 물고기라며 스페인, 포르투갈 같은 일부 국가를 제외한 유럽 국가 대부분에서는 우리 문어를 혐오해서 아예 먹지도 않는대. 그런 그들에게 오히려 더 고마워해야 하는 걸까?

물론 우리가 좀 특이하게 생기긴 했어. 예전에는 다른 어떤 동물들하고도 전혀 다른 특이한 생김새 때문에 거대한 괴물이나 외계인 취급을 받기도 했어. 지금도 〈캐리비안의 해적〉 같은 영화에 꾸준히 그런 괴물 악당으로 등장하는 것도 사실이고.

==왜 사람들은 맛있는 음식이 되어 주는 동물들을 좀 더 예의 바르게 대하지 못하는 거야?== 예전에 아메리카 대륙의 인디언들은 그들이 입고 먹는 모든 것을 제공해 주는 미국들소에게 무척 고마워했어. 그래서 잡아먹으면서 동시에 신으로 떠받들기도 했지. 결국 자신들도 땅으로 돌아가면 다시 그들이 사냥하던 늑대나 들소의 영혼으로 환생한다고도 믿었어. 자연에서 생명은 죽으면 그대로 끝나는 게 아니야. 기나긴 순환의 고리에 연속적으로 놓여 있는 거야.

우리의 눈과 영혼은 늘 살아 있어

생김새 말고 우리의 능력에 한번 관심 가져 보지 않을래? 우리 문어들의 능력은 정말 놀라워. 심지어 다른 물체로 완벽하게 변신할 수도 있단다. 지구상 어떤 동물도, 어떤 마술사도 우리 문어를 흉내 낼 순 없지. 우리는 가다가 바위를 만나면 바위 색과 그 질감으로 변해서 바위와 하나가 되어 버려. 정말 마법 같지 않니? 그런 능력은 우리 몸을 숨기기에 정말 완벽한 보호 장치야. 사냥하기에 매우 유리한 위장 장치이기도 하단다. 사람들은 위장을 하려면 '길리슈트' 같은 위장복을 입어야 한다지? 우린 그딴 것 하나도 필요 없어.

우리의 눈과 영혼은 늘 살아 있어. 우린 끊임없이 다른 물체나 동물을 관찰하고 탐구한단다. 거울에 비치는 모습이 우리 자신이란 걸 알아보기도 해. 어떤 동화에서는 뼈다귀를 물고 가던 개가 물에 비친 자기 모습을 보고는 그 뼈다귀마저 빼앗으려고 입을 벌려서 제 입의 뼈다귀를 떨어트렸다지? 우린 그런 실수를 결코 하지 않아. 우리 능력을 알아본 어떤 사람들은 문어에게 월드컵 우승 팀을 알아맞히게 했는데 정말 비슷하게 맞혔대. 혹시 우리에겐 미래를 예측할 수 있는 신비한 능력이라도 있는 걸까? 한때 '예언가 문어'라고 불리기도 했으니 정말 그럴지도 몰라.

그래도 우리 눈동자는 몸에 비해 좀 작은 편이야. 그리고 양이나 염소처럼 직사각형이야. 티브이 화면처럼 좀 더 넓게 세상을 바라보기 위함이지. 알파카나 말의 눈동자도 다 그렇게 생겼어. 그래서 우리들은 세상을 마치 파노라마처럼 볼 수 있어. 초점은 좀 흐려도 길고 넓게 세상을 바라볼 수 있단다.

바다는 우리에게 늘 알 수 없는 위험이 도사리고 있는 곳이야. 상어나 곰치같이 큰 물고기, 고래, 물개 등등 우리를 노리는 천적이 곳곳에 숨어 있거든. 그러니 늘 주의하고 있어야 해. 특히 사냥하러 나갈 때면 어느 순간 역으로 사냥을 당할 수 있기 때문에 늘 긴장하며 살아야 해. 고래처럼 아예 절대적으로 크다면 모를까, 먹고 먹히는 굴레는 우리 같은 작은 포식자들에게 주어진 거부할 수 없는 운명이란다.

생명은 공짜로 얻어지지 않아

다행히 우린 알을 한꺼번에 10만 개나 낳을 수 있어. 그래야 우리가 이 거친 바다를 터전으로 종족을 보존할 수 있거든. 작고 연약한 조무래기 한 마리의 힘은 미약하지만, 이렇게 많은 수가 모이면 아무리 우리를 잡아먹더라도 몇몇은 확률적으로 꼭 살아남게 되고 그들이 종족을 계속 이어 나갈 수 있어.

하지만 소중한 생명은 쉽게, 공짜로 얻어지지 않아. 수컷들은 무거운 정자낭을 만드는 데에 자기 에너지를 다 써 버려. 그래서 짝짓기 후 그냥 생을 마감하고 말지. 암컷들은 그보다 여섯 달 동안 더 살아남아 알을 돌보다가 알이 부화하고 나면 지쳐서 역시 이 세상을 떠나. 그리고 그대로 다른 문어나 물고기의 밥이 되는 자연의 끊임없는 순환 속으로 들어간단다.

짧고 굵게 사는 게 우리의 원칙이지만 좀 안타깝긴 해. 그래서 우린 죽음 따윈 아예 생각조차 않으려고 해. 어때? 이 문어만 보아도 세상엔 너희가 모르는 동물이 정말 많지? 그걸 모두 알기엔 인간의 삶이 무척 짧은 것 같아.

꼭 추천하지는 않지만 만약 우리를 반려동물로 키운다면 너희는 많은 새로운 경험을 하게 될 거야. 우리는 늘 탈출을 꿈꿀 거고 깊은 애정을 원할 테니까. 네가 주는 대로 똑같이 아니, 너보다 훨씬 더 큰 사랑을 온몸을 다 바쳐 표현해 줄 거야.

그러나 알다시피 우린 오래 살지 못해. 아마 2년? 아니면 3년? 어느 날 우리가 갑자기 네 곁을 떠나더라도 그 슬픔을 이겨 낼 각오가 단단히 되어 있어야 할 거야. 아픔을 각오하고 우리를 친구로 삼을 수 있겠니?

세상에 공짜가 어딨어?

　세상에서 가장 용감한 동물. 혼자서 어디든 뛰고 물고 뺏고 부수고 싸우며 온갖 말썽이란 말썽은 다 피우고 다니는 사고뭉치. 외모 하나는 끝내주게 멋진 동물. 곁에 있으면 든든한 보디가드! 내 소개가 너무 길었니? 안녕? 난 라텔이야. 다른 말로 벌꿀오소리라고도 불러.

　우리는 아주 용맹해. 인간에 굳이 비유하자면, 과거 프랑스 혁명 당시 스위스 용병들 같다고 할까? 스위스 용병들은 자신들의 명예와 용병의 신뢰를 지키려 도망치지 않고 끝까지 싸웠다고 하더라.

　세게 보이려고 우리의 하얀 까까머리 스타일을 하고 다니는 군인이나 운동선수가 꽤 많아. 대표적으로 축구 선수 '킬리안 음바페'가 있지.

우리가 좀 세긴 해

　우리 라텔의 용맹함을 널리 알린 녀석이 있어. 유튜브에 코끼리도 한 방에 끝장낸다는 세계 최강의 독사 아프리카블랙맘바와 싸우다가 독을 맞고 쓰러진, 어느 불운할 '뻔한' 라텔 이야기가 올라온 적이 있어. 그 뱀은 라텔과 싸우다 결국 물려 죽었고, 라텔도 치명적인 맘바의 독 때문에 그 옆에 죽은 듯이 쓰러져 있었지. 싸움은 비극적으로 둘 다 죽어서 독수리만 횡재하는 어부지리로 끝나는 듯했어. 그런데 약 한 시간 후 라텔은 중독에서 깨어나더니 가물가물한 상태였는데도 뱀을 껌처럼 질겅질겅 씹어 먹었지. 그 모습이 얼마나 놀라웠던지 조회 수가 엄청났고, 사람들은 우리 라텔의 용맹함을 더 잘 알게 되었어. 그래서 우린 '세상에서 가장 겁 없는 동물'이라는 별명을 얻었지.

　이런 모습에 열광하는 걸 보면, 사람들도 역시 센 놈을 좋아하나 봐. 우리가 세긴 좀 세지. 덩치는 작지만, 일단 싸움이 시작되면 거침없지. 질 때 지더라도 일단 공격하고 보는 게 우리 방식이야. 싸움은 언젠가 끝나기 마련이고 살아만 있다면 결국 내가 이기는 거지. 우린 공격이 최선의 방어라는 걸 잘 알거든.

우린 평소에도 좀 거친 편이야. 길을 갈 때도 그냥 걸어가는 경우 따윈 없어. 무얼 찾는 것처럼 계속 두리번거리면서 건들건들 거들먹거리며 걸어 다녀. 물론 먹이를 찾는 목적도 있지만 그냥 세 보이려고 일부러 껄렁대는 것도 있어. 황야에선 왠지 그게 더 멋져 보이잖아? '폼생폼사', 우린 폼에 죽고 폼에 살거든. 다른 녀석들에게 약하게 보이느니 차라리 죽는 게 낫다고 생각해.

조물주도 그걸 알아서 우리를 이렇게 장갑차처럼 강인한 모습으로 만들어 주셨나 봐. 난 아주 대만족이야. 우리 피부는 가죽이 몹시 질기고 단단해서 잘 뚫리지 않아. 아프리카에선 드문 검은색과 흰색의 간결한 무늬도 우리를 더욱 강하게 보이게 하지. 종종거리며 나다니기 좋게 다리는 짧고 머리는 크면서 얼굴 인상도 아주 사나워 보이지. 걸으면 스컹크처럼 엉덩이에서 고약한 냄새도 풀풀 풍겨. 온몸은 거의 상처투성이고. 어때? 전쟁터를 누비는 전사의 진한 향기 같은 게 느껴지지 않니?

우린 벌꿀오소리라는 이름처럼 꿀을 엄청 좋아해. 일단 우리가 꿀을 발견하면 그 꿀이 든 벌집은 그날 바로 초상집이라고 생각하면 돼. 도망친 놈은 살겠지만 덤비는 놈들은 절대 봐주지 않지. 뱀독도 이기는 데 그깟 벌침 정도는 그냥 가벼운 마사지 정도야. 벌이 공격하든 말든 우린 오직 꿀과 그 애벌레에만 집중 또 집중하지. 내 생각에 야생에서 가장 맛있는 음식은 바로 다디단 꿀이거든. 너희가 진정한 꿀맛을 알려나? 가끔 벌침에 온몸을 쏘일 때도 있지만, 상관없어. 좋은 걸 얻으려면 그만큼 대가를 치러야지 세상에 공짜가 어딨어? 고통 후에 얻는 꿀은 더욱 달콤해. 온몸이 군데군데 쑤셔도 꿀을 맛보고 나면 기분은 너무 좋아!

고독 같은 것은 몰라

혹시 점박이무늬치타의 새끼를 본 적 있니? 치타는 엄마와 새끼가 털 모양이 달라. 새끼 치타들은 솜털이 등 위로 갈기처럼 하얗고 빳빳하게 삐죽 나와 있어. 마치 인디언 모히칸족의 머리처럼 말이야. 그걸 보고 누구 떠오른 동물 없니?

바로 나! 우리 라텔과 닮았잖아. 왜 치타 같은 콧대 높은 동물이 하필 우리를 닮았을까? 우리를 닮으면 사자나 하이에나 녀석들이 착각해서 함부로 다가오지 못하기 때문이지. 강한 동물을 닮으려는 현상을 '의태'라고 해. 새끼 치타는 바로 우리를 의태한 거야. 하이에나 녀석들이 치타 냄새 맡고 다가오다가도 풀숲 위로 뾰족 나온 하얀 털을 보고는 '에이! 깜짝이야.' 하고는 부리나케 되돌아가 버리지. 그만큼 우리는 사바나 동물들에게 공포의 상징이 된 지 오래야. 말 나온 김에 한번 머리를 우리처럼 물들여 보면 어때?

하도 세상을 혼자서 거칠게 살다 보니 친구 한 명 없이 외롭지 않냐고 걱정하는 사람들도 있더라. 무슨 그런 섭섭한 말씀을! 우리에게도 따르는 자들이 있어. 바로 직박구리처럼 생긴 '벌꿀길잡이새'야. 우리를 줄기차게 따라다니는 매우 시끄러운 녀석이지. 그 녀석들의 목적은 우리처럼 꿀이야! 우리에게 꿀 사냥감 위치를 알려 주고는 우리가 부수고 먹게 만들어. 우리가 아무리 열심히 먹어도 찌꺼기가 남기 마련이거든. 그 새들은 바로 그걸 먹는 거야. 우리에겐 찌꺼기라도 걔들에겐 풍요로운 만찬이니까.

주변에 그런 친구들이 몇몇 있어서 세상이 외롭진 않단다. 워낙 고독 같은 것은 모르고 사는 성격이지만 그래도 누군가 우릴 알아주고 열심히 쫓아다니는 건 그리 기분 나쁘지 않더군. 그래서 가끔 꿀이 잔뜩 묻은 덩어리를 일부러 남겨 놓는 아량을 베풀기도 하지. 역시 난 몸도 마음도 너무너무 멋진 놈이야! **우리 라텔은 오라는 곳은 없어도 갈 곳은 언제나 널려 있다고.**

잘 봐, 내가 정말 무섭니?

박쥐의 편지

안녕? 나는 너희들이 마음대로 '공포의 밤 괴물', 뱀파이어, 드라큘라 같은 악명을 붙이고 지레 무서워하는, 정의의 사도 배트맨…… 아니고 박쥐야.

해치지 않을 테니, 내 얼굴을 한번 자세히 들여다봐 줄래? 내가 고라니처럼 송곳니가 툭 튀어나와 있기라도 하니? 아니잖아! 마치 작은 여우 같은 내 얼굴, 꽤 귀엽지 않니? 박쥐는 너희 생각처럼 그렇게 무섭게 생기지 않았단다. 그리고 난 박쥐 중에서도 '날아다니는 여우'라고 불리는 과일박쥐야. 이름부터 사랑스럽지 않니?

과일을 먹고 사는 초식 박쥐

과일박쥐는 과일을 주로 먹고 살아. 이 얘기를 하면 다들 놀라더라. 박쥐는 다 피를 먹고 사는 줄 알았다면서 말이야. 나보고 초식 박쥐냐고 하는 사람도 있었어. 사실 박쥐의 90퍼센트는 바로 나 같은 초식성 과일박쥐야. 우리가 박쥐의 대표라고도 할 수 있지. 나머지 중 9퍼센트가 벌레를 잡아먹는 식충성 박쥐고, 단 1퍼센트 정도가 흡혈을 할 뿐이야.

물론 흡혈하는 박쥐들도 빨리는 동물들을 많이 아프게 하거나 상처를 입히지는 않아. 당연히 뱀파이어로 변신시키지도 않고. 가끔 치명적인 바이러스인 광견병을 옮기기도 하지만 그건 아주 아주 드문 일이라고. 광견병이라면 우리도 피해자인 셈이니, 박쥐 탓만은 아니야.

어두운 곳에 사는 황금박쥐(붉은박쥐)는 식충성 박쥐야. 야행성인 벌레들에겐 그야말로 밤의 저승사자들이지. 얘네들은 사방에 초음파를 쏘아 대서 돌아오는 반사파로 벌레의 위치를 확인해. 그리고 보이지 않는 곳에 있다가 방심하고 있는 벌레들을 급습하거든. 어떤 벌레들은 대항해서 방해 전파를 쏜다고도 하지만,

그런 고급 기술은 한 철만 사는 벌레 대부분은 가지고 있지 않아. 박쥐들의 초음파는 오래전부터 생존을 위해 소중하게 갈고닦은, 아주 정밀하고 복잡한 첨단 기술이지. 얼마나 고급 기술인지, 가끔 외계인이 주고 간 기술 아니냐며 의심하는 사람도 있을 지경이야. 그러니 벌레들이라면 당연히 우리를 무서워할 만하지만, 너희 인간들은 우리를 무서워할 필요가 전혀 없어. 제발 막연한 공포심은 갖지 말아 줘.

너희가 우릴 무서워하는 이유는 아마 우리가 밤에 돌아다녀서일 거야. 박쥐는 '밤의 제왕'이란 별명처럼 밤이 되면 일제히 동굴 밖으로 단체로 날아올라. 우리 박쥐들은 해 뜰 녘과 해 질 녘을 가장 좋아해. 하지만 과일박쥐들은 맛있고 싱싱한 과일이 있다면 낮에도 주저 없이 활동할 수 있단다. 우리는 호주에선 낮에 도시를 날아다니거나 나뭇가지 위에 빼곡히 앉아 있는데 호주 사람들은 그런 풍경에 익숙해서 아무도 박쥐를 무서워하지 않아. 두려워서 피하는 사람들은 오직 여행자들뿐이야.

우린 사람들에게 도움을 주기도 해. 열대 지방에 사는 어떤 원주민들은 우리의 동굴 속 배설물 '구아노'로 돈도 벌고 농사도 지어. 또 과일박쥐 중 작은 녀석들은 꽃의 꿀을 빨아 나무의 수분도

담당해 주고 너희들이 좋아하는 과일나무 씨를 여기저기 퍼트리기도 해. '지구의 정원사'라고나 할까? 우리가 지구의 자연에 이렇게 중요한 역할을 하고 있다는 걸 꼭 기억해 주기 바라.

코로나19는 억울해

지난 '코로나19' 때는 정말 억울했어. 안 그래도 박쥐는 '전염병의 집합소'니 하면서 사람들이 잔뜩 경계하는데, 코로나19 바이러스가 과일박쥐에서 처음 시작되었다는 소문이 나도는 바람에, 갑자기 나쁜 쪽으로 유명해졌잖아. 아무리 말 못 하는 동물이라지만 뚜렷한 근거도 없이 갑자기 우리를 범인으로 지목하는 건 좀 너무했어. 사람을 의심하면 복잡한 문제가 생기니까 말하기 편하게 동물들이 옮겼을 거라고 추측한 것 아닌가 몰라.

물론 우리 박쥐들이 질병을 유독 잘 옮긴다는 건 근거 없는 이야기는 아니야. 새도 아닌 포유류가 하늘을 날려면 아무래도 걷기나 달리기를 할 때보다 에너지가 더 많이 필요하기 때문에 우린 항상 몸이 뜨거운 상태로 있어야 해. 우리는 체온을 평상시에 영상 40도 정도로 높게 유지해. 비행기 엔진이 차보다 더 뜨거운 것처럼 말이야. 대개 나는 새들의 체온이 그 정도야.

포유류를 유독 좋아하는 균들은 우리를 발견하면 좋다고 찾아와. 그런데 높은 체온 때문에 우리 몸에서는 활동하지 못하고 갇혀 있다가, 자기들에게 알맞은 37도 내외의 다른 포유류 숙주를 만나면 '휴! 살았다!' 하고 바로 그들에게 옮겨붙는 경우가 많아. 그래서 우리가 '질병의 전파자'로 자주 지목되는 거야. 하지만 그렇게 옮아가는 병은 대부분 치명적인 병이 아니란다.

가끔 억울한 일을 당하긴 하지만, 우린 생각보단 너희와 가까워. 너희가 좋아하는 배트맨만 해도 바로 우리를 모티브로 만든 것이잖니? 그 외에도 너희가 알게 모르게 우리 박쥐들을 따라 하고 있기도 해. 점프 슈트나 패러글라이더, 낙하산도 다 우리의 모양을 은연중에 흉내 낸 거야. 우리가 날 수 있는 건 아주 오래전에 잘 달리던 앞다리에 갑자기 피막이 생겨 날개로 변했기 때문인데 그 모양이 패러글라이더와 꽤 닮았어.

언젠가 인간들은 스스로 혼자 날 수 있는 기술을 터득할 거야. 너희들은 그야말로 상상만 하면 뭐든지 할 수 있는 지혜로운 동물이니까. **너희들이 원한다면 우리가 나는 법을 가르쳐 줄게.** 서로 영역을 침범하지 않으며 함께 잘 지내 보자!

좀 더 인격적인 대우를 받고 싶어

침팬지의 편지

다들 우리가 동물 중에서 인간과 가장 유사하다고들 하지. 과학자 다윈은 인간이 우리와 같은 한 조상에서 나와서 그 후에 갈라졌다고 해서 큰 논쟁이 인 적도 있어. 우리와 인간은 유전자 배열이 98.5퍼센트 같다고 해. 동물 행동학에선 우리가 간단한 도구를 이용하는 것이나, 무리 간에 서로 피 터지는 전쟁을 하는 걸 보고 인간과 행동 패턴이 닮았다고도 하지. 안녕? 난 침팬지야.

어떤 사람들은 우리를 '98.5퍼센트의 인간'이라고 말하기도 하더라. 그런데 파리도 인간과 유전자를 50퍼센트나 공유한다는데, 파리를 '절반의 인간'이라고 한다면, 솔직히 너희가 순순히 받아들일 수 있겠니?

날마다 새 침대를 만드는 일

우리는 온몸에 까만 털이 있고, 키는 작은데 팔다리는 유난히 길어. 생긴 게 인간과 완전히 달라. 그러니 유전자만 가지고 우리를 인간으로 말하는 건 좀 우습다고 생각해. 혹시 〈혹성 탈출〉이란 영화 봤니? 너희 인간에게는 꽤 암울한 미래를 그린 영화야. 그 영화에서는 우리 침팬지 같은 유인원이 세상을 지배하더라.

그 점은 좋은데 그게 우리가 인간과 전쟁을 한 뒤 승리를 거머쥔 결과라는 점은 좀 별로였어. 그냥 인간들끼리 서로 싸워서 멸종한 빈자리를, 인간 다음으로 영리한 우리가 차지하는 이야기였다면 더 좋았을 텐데. 우린 너희처럼 싸움을 좋아하진 않거든.

침팬지는 유인원 중에서도 인간과 더불어 유일하게 육식을 할 줄 아는 유인원이야. 나머지 고릴라나 오랑우탄, 긴팔원숭이들은 거의 초식성이지. 그래서 침팬지와 인간의 전쟁이라는 상상을 한 걸까? 하지만 그런 싸움은 우리 방식 아니야.

우리 침팬지는 사람처럼 머리가 영리해. 수어를 가르치면 얼마든지 자기 의사를 표현할 수 있어. 인간이 처음 침팬지에게 수어를 가르쳤을 때, 침팬지가 제일 먼저 한 말이 뭔지 아니? 바로

"놀자!"였어. 우린 간단한 게임도 할 수 있단다. 게임을 일단 배우면 워낙 집중력이 뛰어나 웬만한 사람은 다 이길 정도야.

말이 난 김에 우리 자랑을 좀 더 해 볼까? 우린 팔심이 세서 나무를 잘 타. 자연 적응력도 뛰어난 편이지. 그뿐이니? 우린 너희가 생각하는 것보다 무척 깨끗한 동물이야. 너희는 우리의 청결함을 흉내조차 못 낼걸. 우리는 날마다 각자의 잠자리를 나무 위에다 새로 만든단다. 하룻밤 거기서 자고 나면 다음 날은 또 다른 데에 잠자리를 만들어. 날마다 새 침대를 만드는 셈이지.

그래서 매일 같은 데에서 자는 사람들은 진드기나 곰팡이와 함께 살지만 우리 침팬지의 잠자리엔 그런 것이 하나도 없어. 그만큼 우린 야생에서도 깨끗하게 지내고 있지. 물론 우리를 강제로 가두어 놓은 동물원에서는 어쩔 수 없이 좁은 시멘트 바닥에서 조금 더럽게 살지만 그런 불쌍한 동물원 침팬지만 보고서 우릴 전부 다 안다고 생각하진 말아 줘.

우리를 가두지 마

너희가 우리를 깊이 알게 된 것은 '제인 구달'이라는 한 훌륭한

학자 덕분이야. 그분은 1960년대에 아프리카 탄자니아의 '곰베'라는 곳에 홀로 들어가 몇 년 동안 정글에서 우리와 함께 지내며, 우리의 비밀 이야기를 하나하나 세상 사람들에게 전해 주었지. 우리가 사람처럼 놀이도 하고 무리마다 독특한 문화도 있고 곤충을 잡는 데 나뭇가지처럼 특이한 도구도 사용한다고 말이야.

제인 구달이 세상에 전한 침팬지 이야기 중 가장 슬픈 건 '플로와 플린트' 이야기일 거야. 여덟 살 플린트는 응석받이로 자라나서 여동생 플레임이 태어난 뒤에도 엄마 플로 품을 떠나지 못하고 계속 젖을 달라고 보채는 철부지였어. 보통 침팬지들은 그 무렵이면 다 독립을 하거든.

그러다 1972년 어느 날, 엄마 플로가 갑작스레 병으로 죽어 버리자 플린트는 어쩔 줄 몰라 하며 죽은 엄마 곁을 떠나지 못했어. 죽은 엄마 팔을 잡아당기기도 하고 곁에 잠들기도 하면서 몇 날 며칠을 죽은 엄마와 함께 지내며 거의 먹지도 않았지. 그렇게 안타까운 나날을 보내던 3주 후 급속히 쇠약해진 플린트는 결국 숲속에서 또 다른 주검으로 발견되었어. 사인은 슬픔이 너무 심할 때 나타날 수 있는 스트레스성 위장 장애였다고 해.

이런 이야기들이 전해진 덕분에 지금 우리 침팬지에 대한 이

해가 넓어졌어. 침팬지뿐만 아니라 보노보, 오랑우탄, 고릴라 같은 유인원들도 대개 그때부터 본격적으로 좀 더 인격적인 대우를 받고 보호도 받게 되었지. 그래서 사람들은 제인 구달을 '침팬지의 어머니'라고 부르더라. 서로를 깊이 있게 잘 아는 건 우정에도 생존에도 너무너무 중요해!

그러니 부디 부탁할게. 우리를 동물원이나 영장류 센터 같은 데 가두지 말아 줘! 우리같이 영리하고 생각을 하며 사는 동물들에게 동물원은 그야말로 감옥 그 이상도 이하도 아니야. 사람을 동물원에 가둬 두고서 거기서 다른 사람들이 다 보는 데서 결혼도 하고 아이도 키우라고 한다면 얼마나 비참하고 창피하겠니?

지금 동물원에 가두고 키우는 침팬지들에게는 꼭 인격적인 대우를 해 줘. 그리고 자연과 비슷한 환경을 최대한 만들어 줘. 가능하면 그들을 잘 훈련시켜서 야생에 풀어 주도록 모두가 노력하면 어떨까?

그리고 우리가 겨우 살아가고 있는 조그만 터전을 더 이상 파괴하지 말아 줘. 우리 침팬지에 대해 이만큼 알게 되었다면, 응당 그래야 하지 않겠니?

새라고
다 날고 싶어 하는 건 아냐

공룡, 특히 익룡과 가장 닮은 새가 누군지 아니? 바로 우리 슈빌이야. 우리 현재 중앙아프리카와 동아프리카에만 아주 적은 수가 살아 있지. 한국에선 주걱부리(넓적부리) 황새라고 부르더군. 하지만 슈빌과 황새는 완전히 다른 동물이라고!

쥐라기 시대로 지금 돌아간다고 해도 우린 그곳에서 전혀 낯설지 않아 보일걸? 공룡을 닮아서 그런지 우리가 동물원에서 인기가 많다더라.

내가 좀 크고 무섭게 생겼더라도 너무 겁먹을 필요 없어. 난 너희같이 큰 녀석들은 잡아먹지 않거든.

힘들게 날 필요 있어?

나는 덩치에 조금 안 어울리지만 주로 개구리나 물고기들을 잡아먹어. 그런데 목이 너무 짧다 보니 한때 같은 종으로 분류되었던 다른 황새들처럼 긴 목을 사용해서 우아하게, 머리만 까딱해서 사냥을 할 수 없어. 그 대신 하루 종일 꼼짝 않고 먹이가 근처에 오기만을 참고 기다렸다가 온몸을 물속에 집어넣는 아주 요란한 방식으로 사냥을 하지.

의외의 면모를 하나 더 말해 줄까? 너희는 아마 새들이 나는 것을 무척 좋아한다고 생각할 거야. '새처럼 자유롭게 날고 싶다'는 시적인 표현을 자주 쓰더라.

그런데 새라고 다 나는 걸 좋아하는 건 아냐. 작은 새들은 몸이 가벼워서 날기를 선호할 수 있지만 우리같이 무거운 새들은 꼭 그렇지만도 않단다.

우린 웬만하면 날고 싶지 않아. 무거운 몸을 이끌고 나는 것이 너무 힘들어서야. 너희 사람같이 무서운 천적이 가까이 다가오면 어쩔 수 없이 날아오르긴 하지만, 최소한의 짧은 거리만 날지 멀리는 못 가.

가끔 동물원에 가면 우릴 보고 '저 새들은 얼마나 창공을 날고 싶을까?' 하고 염려했지? 그 마음만은 참 아름답다만 다 그런 건 아니니 너무 마음 쓰지 않아도 돼.

우린 몸무게가 최대 10킬로그램까지 나가는데, 이건 날아다니는 새 몸무게의 '한계치'라고들 해. 그 이상으로 무거우면 날 수 없다는 거지. 그래서 우리를 두고 점보제트 화물기처럼 세상에서 가장 무거운 몸으로 날 수 있는 새라고 말하기도 해.

우리 중에서도 동물원에 오래 살아서 길들어진 새들은 새장에서 거의 날지 않아. 천적도 없고 밥도 주는데 굳이 힘들게 날 필요 없지.

새가 날지 않으면 어떻게 될까? 일단 살찌겠지? 그럼 더 못 날게 되고 날개도 퇴화되어 버려. 바로 그런 과정을 통해서 거쳐서 이제는 영원히 날 수 없게 된 거위나 오리가 탄생한 거야.

그런데 우리 이름 말인데, 꼭 이렇게 지어 주어야 했을까? 영어로 슈빌(shoebill)은 신발 모양 부리라는 뜻이잖니. 우리말로는 주걱부리황새고. 우리 부리가 눈에 확 띄긴 할 거야. 크고 딱딱하고 모양도 나무 같으니까. 아마 옛 유럽 사람들은 그걸 처음 보고 자기들이 신고 다녔던 나무로 만든 신발이 떠올랐나 봐.

아무리 그래도 그렇지 좀 더 깊이 생각하고 더 예쁜 이름을 지어 주었으면 좋으련만. 유럽에선 신발부리황새라더니, 아시아에 와서는 아예 주걱부리황새라고 했다가, 미안했는지 최근엔 넓적부리로 바꾸어 부르더라. 아무튼 그중에 내 맘에 드는 건 하나도 없어.

눈에 확 띄는 부리 말고, 다른 곳을 보면 우리가 꽤 매력적으로 생겼다는 걸 알 텐데. 푸르게 보이는 진한 회색 털에, 뚜렷이 쳐다보는 눈빛은 차가운 가운데서도 따뜻한 느낌이 있거든.

또 황새들의 대표적 특징 중 하나가 바로 목소리가 없다는 거야. 사람들은 흔히 얇고 긴 다리와 부리가 특징인 두루미와 황새를 헷갈려하는데, 두루미는 '두루루 두루루' 하고 요란한 소리를 내지만 황새나 우리 슈빌은 그와 완전히 달라. 우리는 커다란 두 부리를 부딪쳐서 소리를 내는 '클래터링'이라는 방법으로 겨우 인사를 하지.

만나서 반갑다고 '따다닥!'. 헤어져서 서운하다고 '따다다닥!'. 조금 더 반가우면 '따다닥따다닥'. 어떤 사람들은 이런 소리를 두고 기관총 소리와 비슷하다고도 하더라. 기관총이라니, 좀 더 문학적인 근사한 표현은 없는 걸까?

도도의 길을 가고 싶지 않아

　동물원에 사는 길들여진 슈빌들은 친한 사육사를 만나면 자기가 먼저 다가가서 연신 고개를 숙이며 인사해. 마치 "안녕하세요?" 하듯이 친근하게 말이야. 아주 예의 바르지? 이런 겸손한 모습에 사람들은 반하고 감동받기도 해. 어때? 우리 품성이 좀 훌륭하지 않니?

　일본 사람들은 왜인지 모르지만 우리를 아주아주 좋아해. 거의 모든 동물원마다 꼭 한 마리 이상씩 우리 슈빌을 들여서 돌봐 주고 있단다. 일본 사람들은 특히 우리가 그저 가만히 서 있는 모습에 감탄하곤 해. 우리는 가끔 한 시간 이상 꼼짝 않고 오직 한곳만 응시하며 서 있고는 하는데, 그런 우리를 보고 어떤 일본인들은 우리도 저 새들처럼 늘 한곳만 바라보고 한길만 걷자고 굳게 다짐하기도 한대.

　동물원이 좀 불편하긴 해도 우리가 워낙 움직이는 걸 싫어하니 적당한 물과 풀만 있으면 야생에서처럼 큰 불편 없이 지낼 수 있어. 잘 대해 주면 사람하고도 곧잘 친해지지.

　우리를 처음 본 사람들은 우리가 화식조나 타조처럼 무척 공격적일 거라고 생각했나 봐. 하지만 시간이 지나면서 우리가 생김새와 달리 과묵하면서도 의외로 친절한 스타일이란 걸 알게 됐지. 상대를 괴롭히지 않으면 서로 친절하게 대하는 건 너무 당연한 일 아니니?

마지막으로 하나만 더 부탁할게. 난 '도도'의 길을 걷고 싶지 않아. 도도는 인도양에서도 아프리카 동쪽에 가까운 모리셔스섬에 살던 새야. 우리처럼 몸무게가 10킬로그램이 넘는 뚱뚱한 비둘깃과 새였지. 이 커다란 새는 인간들이 섬에 들어온 지 겨우 100년도 안 되어 모두 다 멸종당하고 말았어.

반갑다고 친근하게 다가온 도도새들을 인간들은 무심히 사냥하고 식량으로 삼았대. 친해지고 싶어서 가까이 온 동물들마저도 왜 그리 폭력적으로 대했을까?

==동물 세계가 약한 자는 잡아먹히고 강한 자는 잡아먹는 약육강식이라고는 하지만, 생존에 필요한 것 이상으로 사냥하고 해치는 동물은 인간 이외엔 없어.== 다른 동물들은 세상의 생명은 모두 다 태어난 이유가 있고 자연은 균형이 맞아야 한다는 걸 본능적으로 알아. 너희들은 가장 똑똑한 체하면서도 세상에서 가장 중요한 건 정작 모르고 사니 너무 한심해!

이제 우리 슈빌도 세상에 몇 마리 남지 않았어. 우리가 이 지구에서 흔적조차 없이 사라질까 봐 두려워. 내가 도도의 길을 걷지 않도록, 너희가 좀 더 노력해 줄래?

이렇게
따뜻한 냉혈 동물 봤어?

곤충과 연체동물 빼고, 육상 동물 중에서 가장 크고 날카로운, 그야말로 초특급 무기인 강한 이빨을 가장 많이 가지고 있는 동물이 누군지 혹시 알까나? 하마? 아니야. 하이에나? 아니야. 바로 우리 악어야!

악어는 무시무시한 이빨을 모두 합쳐서 74~80개쯤 가지고 있어.(참고로 사람은 32개, 개는 42개, 고양이는 30개 정도야.) 혹시 중간에 닳거나 빠져도 상어처럼 몇 번씩이나 다시 재생되지. 야생에는 쓸 만한 치과 의사가 없으니 무한 교체가 가능한 형태로 진화한 거야.

상어 외에는 코끼리도 대체로 나와 비슷하다더군. 어때? 좀 부럽냐? 안녕? 난 아프리카에 사는, '얼룩말 킬러'라고 불리는 악어다! 짜잔.

죽은 게 아니고 자는 거야

우리 악어에는 꽤 여러 종류가 있어. 호주와 아프리카에 사는 우리 크로커다일뿐 아니라 미국에 사는 타이어처럼 까만 앨리게이터, 인도와 동남아시아에 사는 입이 마치 톱같이 쭉 튀어나온 가비알, 남미에 사는 조그마한 난쟁이 악어 카이만도 있단다.

그중 앨리게이터는 추운 미시시피강 유역에도 살고 있는데, 겨울이 되면 곰이나 개구리처럼 겨울잠을 자기도 해. 그 큰 덩치를 강에 모두 숨길 수가 없어서 강 위로 숨 쉴 입과 코만 내놓고 얼어붙은 채 겨울을 보낸단다. 얼핏 보면 꼭 그대로 얼어 죽은 것처럼 보여. 그러다가도 봄이 되면 다시 해동되어 활동하기 시작해. 놀랍지?

악어가 겨울잠을 자는 모습을 처음 본 사람들은 한때 얼음을 깨고 구조하기도 했어. 따듯한 곳으로 옮겨 두니 모두 다시 살아나 움직이기 시작했지. 하지만 갑자기 강제로 깨어난 녀석들이 더러 죽는 경우도 생겨서 이제는 겨울잠 자는 악어를 보더라도 편안하게 잘 수 있도록 내버려둔다더라. 우리 생태도 모르고 괜한 걱정을 한 거지.

취미는 일광욕

우리가 먹고사는 얘기를 좀 해 볼까? 아프리카 동부의 마라강은 우리의 악랄하고 잔인한 검문을 통과하지 않고는 누구도 절대 강을 건널 수 없지. 여러 무리 중에 일부라도 우리 악어에게 살아 있는 제물로 바치기 전에는 절대로 도강을 허락하지 않는단다. 왜 그런 짓을 하냐고?

우리도 먹고살아야 할 것 아니야! 우린 1년 내내 그날만을 손꼽아 기다린다고. 우리 같은 파충류의 특징 중 하나가 사냥할 수 있을 때 최대한 열심히 해서 그 에너지로 힘들고 어려운 시절을 잘 버텨 내는 거야.

거칠게 먹고사는 것에 비해 취미는 좀 우아한 편이야. 우리 취미는 일광욕이야. 우리는 평소에 양치질 대신 가만히 입 벌리고 햇볕을 쫴. 몸뿐만 아니라 큰 입안도 꼼꼼히 일광욕을 하는 거야. 비 온 다음 날이면 강에 사는 거북이들이 바위 위로 올라와 가만히 앉아 있는 것과 비슷한 이치야.

일광욕을 하면 체온도 올라가고 입안에 나쁜 세균이 번식하는 것도 막을 수 있고, 비타민D도 합성되어 뼈와 비늘도 더욱 튼튼하게 만들 수 있어. 그야말로 일석삼조지.

그뿐인가? 입 벌리고 가만히 있을 때면 소등쪼기새나 이집트물떼새 같은 녀석들이 날아와서 몸 안 구석구석을 종종종 돌아다니며 벌레나 기생충을 제거해 준단다. '악어와 악어새'의 전설이 시작된 이유이기도 해.

그런데 사람들 말처럼 우리가 꼭 '공생 관계'인 건 아냐. 사실 악어새라고 이름 붙은 새도 따로 없고. 어떤 새든 눈치 보다가 우리가 배부를 때는 언제든 날아와서 이런 평화로운 분위기를 연출할 수 있어. 너희들도 혹시 나를 찾아올 생각이라면 내가 배부른 채 한껏 입 벌리고 있을 때 와. 그러면 더 환영받을 거야.

혹시 '악어의 눈물'이란 말 들어 봤니? 어떤 악어는 먹이를 잡아먹을 때 이상하게 눈물을 찔끔찔끔 흘려. 그런데 그건 그들이 측은해서 흘리는 슬픔의 눈물이 아니야. 악어가 무얼 잡아먹을 때 갑자기 동정심이 생긴다면 그 악어는 딱 굶어 죽기 십상이지. 안 그래? 그건 그냥 입이 벌어지면서 저절로 흘러나오는 반사적인 눈물이야.

그 모습을 보고 사람들은 억지로 흘리는 가식적인 눈물을 자기들 맘대로 '악어의 눈물'이라고 부르곤 했어. 우리로선 참 억울한 표현이야. '악어의 눈물'을 가장 자주 흘리는 녀석들이 우리 악어겠니, 너희 인간이겠니? 약삭빠른 너희가 훨씬 더 자주 흘리는데, 그걸 인간의 눈물이 아니라 악어의 눈물이라고 부르니, 참 어이가 없어.

차갑고 깊은 내면

이참에 우리에 대한 너희의 편견을 모두 깨트리고 싶어. 우리 악어는 보기와 다른 점이 참 많아. 먼저 냉혈 동물인 파충류치곤 부모애가 포유류 못지않게 뛰어나단다.

모든 악어의 부모애가 특출하지만 특히 나일악어의 경우 알을 낳은 뒤 직접 품는 대신 따듯한 흙 속에 묻어 두고는 새끼가 깨어날 때까지 석 달간 암수가 교대로 그 흙 주위에서 열심히 보초를 선단다. 또 깨어나면 입에 물어서 수시로 안전한 물가로 데려다 놓지. 너희 인간 같은 포유류가 보기엔 아마 당연한 행동일 거야.

하지만 알을 낳기만 하고 버려두는 게 더 일반적인 다른 파충류나 어류에서는 매우 보기 드문 선한 행동이란다. 우리 악어들만 아는, 차갑고도 깊은 내면세계라 할 수 있지.

일부 거북알도 그렇지만 우리 알도 온도에 따라 성별이 결정돼. 특이하지? 둥지 온도가 28~31도일 때는 암컷만 나오고 32도에서는 암수 반반이, 그리고 33도 이상에서는 수컷만 나와. 아무래도 적당한 온도에서는 자손을 번식시켜 줄 암컷이 많이 나오게 설계되어 있지.

그러니 지구 온난화가 심각해지면 어떻게 되겠니? 암수 성비 균형이 깨져서 멸종할 위험이 차츰 높아지는 거야. 수컷만 있는 세계가 무슨 의미가 있겠어? 지구 온난화 좀 어떻게 해 봐!

설마 우리같이 무서운 애들은 지구에서 사라지면 좋겠다고 생각하진 않겠지? 그건 정말 하나만 알고 둘은 모르는 생각이야. 우리 같은 포식자가 없어지면 지구 전체에 초식 동물이 엄청나게 늘어날 테고 그럼 초원도 나무도 몽땅 사라질 수 있다는 걸 생각해야지.

사계절 푸르고 아름다운 어느 무인도에 염소 한 쌍을 풀어놓으면 어떻게 되는 줄 아니? 그 섬은 몇 년 안에 몽땅 사막화되어 아무도 살 수 없는 섬이 되고 말걸? 적당한 수의 포식자들이 사라지면 그런 일이 지구에도 얼마든지 일어날 수 있어.

우리가 생존할 수 있게 도와준다면, 너희도 언젠가는 우리의 아름다운 분수 춤을 볼 수 있을 거야. 우린 가끔 우리끼리 '댄스 배틀'을 즐길 줄 아는 낭만적인 동물이란다.

해질 녘이나 해뜰 녘에 은근히 기분이 좋아지면 무리가 한꺼번에 몰려들어 서로 몸을 최대한 부르르 떨면서 춤을 춰. 그러면 물 위에 작은 물거품들이 생겨나기 시작하는데 우리 몸부림이 빨라질수록 그 물방울이 하나둘 공중으로 떠올라.

우리 기분이 최고조에 이르면 이 물방울들도 공중에서 모여서 서로 춤을 춘단다. 정말 장관이겠지? 이걸 '악어의 춤'이라고 하는데, 공연료가 너무 비싸 아무나 함부로 볼 수가 없지.

넌 우리 비밀 파티에 특별히 초대해 줄 테니 그 대신 네 목숨을 입장료로 내어놓을래? 큭큭, 농담이야. 아무리 그래도 어떤 못된 놈이 초대한 손님을 잡아먹겠어?

우린 살면서
특별히 놀랄 일이 없지

 지상 최대, 최강 동물, 커 가면서 코도 점점 길어지는 동물. 이쯤만 말해도 내가 누군지 딱 알겠지? 그래, 맞아! 난 현재 이 세상에서 가장 큰 동물, 코끼리야. 안녕?

 다 큰 코끼리는 아무도 건들지 못해. 사자나 호랑이도 감히 우리 앞에 얼씬도 못 하지. 힘으로 보나 지혜로 보나 듬직하고 조용한 성격으로 보나 동물의 황제라면 단연 우리야. 그런데 사람들은 동물의 황제 자리를 대개 호전적인 육식 동물에게 바치더라. 싸움만 잘한다고 황제가 되는 게 아닌데도 말이야. 뭐, 그런 건 아무려나 상관없어.

천천히, 흥분하지 않고

내 자랑 하나 할까? 100~200년까지도 사는 자이언트육지거북이나 흰수염고래에 비할 바는 아니지만, 우리는 다른 육상 포유동물들에 비해 꽤 오래 살기로 유명해. 한 70년쯤 살지. 서식지가 인간과 겹치지 않고 넓은 초원이 보장되어 있을 때만 온전히 주어진 생을 사는 게 가능하지만 말이야.

요즘은 그런 좋은 땅을 사람들이 모두 차지하고 경작을 하거나 가축을 길러서 우리가 생활해야 할 넓고 푸른 땅이 차츰 사라지고 있어.

우리가 수명이 긴 이유는 잘 쉬고, 늘 천천히 흥분하지 않고 움직이기 때문이야. 천적이 거의 없으니 특별히 놀랄 일이 없어서 그렇기도 해.

최근 인간들의 연구에 따르면 우리는 암에 걸리게 하는 유전자가 평생 기능하지 않아서 암에 잘 걸리지 않는다는 게 밝혀졌어. 우리가 타고난 행운이지. 그래서 암을 연구하는 인간 학자들이 갑자기 코끼리 연구에 뛰어들고 있다던걸.

우리 종족은 아프리카코끼리, 아시아코끼리, 아프리카둥근귀

코끼리 세 종만이 현재까지 살아 있어. 예전에는 털 코끼리인 매머드도 있었고, 약 2500년 전에는 북아프리카코끼리도 있었다고 해.

북아프리카코끼리는 고대에 카르타고와 로마가 지중해를 사이에 두고 전쟁을 할 때 카르타고의 명장 한니발이 공포의 전투 코끼리 군단으로 이용했대. 전쟁에 동원되기는 했지만 실제로는 작고 온순한 코끼리들이었다지.

안타깝게도 이들은 모두 멸종되어 버렸어. 멸종 원인은 대부분 인간의 무분별한 사냥과 학살이었다고 전해져. 지금은 아프리카코끼리가 30만 마리, 아시아코끼리가 10만 마리, 둥근귀코끼리가 10만 마리 정도만 남아 있지.

산을 보듯 신비로운

지금도 수많은 코끼리가 인간들에게 이용되고 있어. 요즘엔 전쟁이 아니라 즐거움에 쓰이지. 서커스를 시키기도 하고, 사람을 태우고 관광을 시키기도 해. 그렇다고 우리가 소처럼 완전히 가축화된 건 아니야. 만일 지금 당장 우리 모두를 야생에 풀어 준다면 우린 바로 야생화될 준비가 되어 있어. 우린 여전히 야생의 몸들이야. 그렇다면 아픈 코끼리만 빼놓고 나머지는 모두 풀어 주는 게 자연의 순리 아닐까?

많은 사람이 가장 좋아하는 동물로 코끼리를 꼽아. 아무래도 거대한 동물에 대한 경외심과 호기심 같은 원초적인 감정이 있어서일 거야. 우리 코끼리를 보고 있으면 마치 산을 보고 있는 것처럼 신비롭다고 하더라. 다들 어렸을 때 좋아했던 공룡이나 거대 로봇에 대한 추억이 하나쯤 있지? 그런 것과 비슷하지 않을까?

그런데 우리를 깊이 알고 나면 가끔 의아해하는 사람도 있더라. 그중 하나가 우리 코끼리 사회에 대한 거야. 우리 코끼리 사회를 흔히 순수한 모계 사회라고들 말해. 그 점에서는 시끄럽고 지저분한 하이에나 녀석들과도 조금 비슷해. 수컷들은 여덟 살 정도가 되면 무리를 모두 떠나가고 할머니, 엄마, 이모 등등 암컷들만 남아서 몇 대에 걸쳐 계속 모계 사회를 이어 나가.

결혼하는 것도 심플해. 결혼 적령기에 암컷들이 짝이 필요하면 "푸우욱!" 하고 정글이 다 울리도록 큰 소리를 한 번만 내지르면 돼. 그럼 사방팔방에서 수컷들이 신나서 우르르 달려오거든.

그중 가장 센 녀석 하나를 골라 결혼하는 거지. 우린 얽히고설킨 복잡한 사랑 같은 건 거의 하지 않아.

  결혼 후엔 얼마쯤 알콩달콩 지내다 덩치 큰 말썽쟁이 수컷은 다시 무리에서 힘을 모아 내쫓아 버려. 너무 매정해 보이니? 이별은 좀 서운하지만 어쩌겠어? 우린 늘 그렇게 살아왔는걸. 아마 수컷들도 금방 우리를 잊고 다른 짝을 찾아갈 거야. 괜히 사람들의 잣대로 냉정하니 뭐니 평가하진 말아 줘. 실망할 필요도 없어. 우린 그저 너희와 다를 뿐이니까.

용장 밑에 약졸 없다!

"아우욱, 아욱!" 이 근사한 하울링, 그러니까 울음소리만 들어도 벌써 누군지 알겠지? 안녕? 난 늑대야. 우리는 울음소리로 흩어진 무리를 불러 모으고 또 하나로 단결시킨단다. 천적이나 사냥감들에게 우리의 위용을 과시하거나 팍 겁도 주고. 누가 죽으면 일부러 더 길고 큰 소리로 다 함께 슬픔을 부르짖기도 해. 마치 사람들이 서러워 우는 것이나, 추모의 나팔을 부는 것과 비슷해. 동물도 슬퍼한다는 사실이 놀라운 건 아니지?

우린 아침엔 새로운 해가 뜬다고 들떠서 울고, 저녁엔 해가 진다고 신나서 울어. '이제부터 본격적인 휴식 시간이다!' 혹은 '흥분되는 사냥 시간이군!' 하면서 일종의 '워밍업'을 하느라 울부짖는 거야.

우리에겐 알파가 있어

우리도 사자나 하이에나처럼 무리 동물이야. 우리 무리는 계급이 확실해. 우두머리인 나이 든 알파 부부가 있고 그 아래로 일정한 계급이 있지. 물론 계급장을 어깨에 달고 다니거나 하는 건 아냐. 하지만 모두가 알파가 누군지 알고 있어.

알파가 나타나면 바로 자세를 낮추고 눈을 아래로 깔아서 스스로 복종심을 나타내야 해. 알파가 혹시 기분이 언짢아 보이면 아예 땅바닥에 대자로 드러누워서는 가장 약한 배나 항문을 드러내 보여.

마치 "저의 약한 부분을 공격해도 저는 절대 반항하지 않을게요." 하고 말하는 듯한, 극단의 저자세로 말이야. ==꼭 그렇게까지 해야 하냐고 묻지 마. 야생에서 무리로, 더구나 졸병으로 살아가는 건 결코 쉬운 일이 아니니까.==

우린 일평생 암수가 같이 살아. 야생에선 꽤 보기 힘든 잉꼬부부란다. 너희들은 그걸 평생 해로한다고 하지? 해로란 한번 부부가 되면 평생 짝을 바꾸지 않고 산다는 의미야.

어니스트 톰프슨 시턴이 쓴 『시턴 동물기』의 「북미 회색 늑대

왕 로보」 편을 보면 우리 늑대들의 사랑이 얼마나 진한지를 잘 알 수 있어. 그 이야기엔 인간의 가축들을 꾸준히 해치고 다니면서도 마치 유령처럼 사람들의 사냥을 용케 피해 다니던 우두머리 늑대 '로보'가 주인공으로 등장해. 사람들은 로보를 사냥해서 늑대 무리를 농장 근처에서 몰아내려고 혈안이 되어 있었지.

그러던 어느 날, 로보의 아내 '블랑카'가 사람들에게 사로잡혀 죽임을 당하게 돼. 로보는 그만 슬픔에 눈이 멀어 분별력을 잃고 말아. 평상시엔 늘 가볍게 피해 다니던 덫에 맥없이 붙잡히고 말지. 하지만 전설의 늑대 왕답게 사람들이 던져 주는 먹이를 일절 거부하고 그대로 굶주린 채 의연하게 최후를 맞이해! 정말 단체 하울링을 자극하는 슬프고도 아름다운 이야기야. 로보야말로 우리의 진정한 롤모델이야.

집요한 사냥꾼

우리는 사냥할 때 아주 집요해. 청각과 후각에 의지해 사냥 대상을 밤낮으로 끈질기게 추격하는 거야. 그러다 사슴이나 들소가 결국 힘을 다하면 그때 가서 그의 마지막 숨통을 끊지. 이런 사냥은 혼자서는 힘들지만 무리로 움직이면 별로 힘이 들지 않고 오히려 힘이 마구 솟구치는 것 같아. 지치면 뒤의 동료들을 먼저 보내고 잠시 쉬었다가 다시 따라가면 그만이거든. 그렇게 몇 날 며칠을 늑대가 쫓는 데 지치지 않을 동물은 거의 없지.

순록들은 그걸 알고 무리를 지어 다니고, 사람들 역시 알래스카나 깊은 산맥 같은 곳을 여행할 때는 일부러 눈썰매를 끌거나 무리를 지어 이동하지. 늑대 무리에 더 큰 무리로 대항한달까?

무리의 힘은 참으로 대단한 것 같아. 웬만해선 굶주릴 일이 없고 어느 누구도 두렵지 않게 만드니까. 심지어 무리를 위한 죽음을 영광으로까지 여기게 만들지. 특히 위대한 지도자가 지배하는 무리는 늑대 세계에서 보이지 않는 최고의 힘을 가지게 돼. 어떤 무리도 대항하지 않는, 누구도 그들의 먹이나 영토를 절대 넘볼 수 없는 절대 무리가 되는 거야.

==너희 속담에 "용장 밑에 약졸 없다."라는 말이 있지? 그 말처럼 최고의 우두머리 아래로는 늘 최고의 늑대들이 뒤따른단다. 어때? 늑대와 사람은 참 비슷하지 않니?==

늑대는 북극을 비롯해 전 세계 어디서나 살아왔어. 사람들과는 늘 대립 관계였어. 인연도 많지만 악연도 많아. 몽골이나 터키 같은 곳에선 늑대를 신으로 떠받드는 동시에 사냥해. 유럽에서는 늑대 인간의 전설을 만들 정도로 늑대를 무서워하기도 했지.

한때 늑대 무리가 프랑스 파리를 습격하는 사건도 있었으니 그렇게 하는 것도 무리는 아냐. 왜 도시를 습격했냐고? 늑대들은 야생 동물을 주로 사냥하긴 하지만 가축 또한 손쉬운 사냥 대상이거든. 먹이가 보이면 위험을 무릅쓰고라도 어떻게든 사냥하는 게 포식자의 본능이라 우리도 어쩔 수 없었단다. 더구나 인간들이 우리 서식지를 목장이나 축사로 만들어서 원래 거기 살던 야생 동물 사냥이 점점 힘들어지는 것도 현실이니까.

사람들이 가축을 조금 덜 키워서 우리가 살아갈 수 있는 야생 터전을 조금 더 보장해 준다면 우리가 서로 싸울 일이 거의 없을 텐데. 비록 말은 못 해도 우리도 어느 쪽이 생존에 유리한지 불리한지 늘 생각하며 사는 지혜로운 동물이란 걸 절대 잊지 마. 너희들이 더 까불면 언젠가는 또다시 파리를, 뉴욕을, 서울을 우리 늑대들이 습격할 수도 있으니 부디 조심하렴. 아우우욱!

진실은 말로 전달하는 게 아냐

너희는 드론을 띄우지만, 우린 그냥 서 있기만 해도 세상이 드론처럼 다 보여. '저기 1킬로미터 밖에서 사자 녀석이 어슬렁어슬렁 다가오는군! 내 다리 아래 있는 얼룩말에게 어서 경고를 해 줘야겠어.' 이렇게 우린 멀리까지 내다보고 다른 키 작은 동물들이 미리미리 도망칠 수 있게 도와줄 수 있지. 기다란 목 덕분에 말이야. 여기까지만 이야기해도 우리가 누군지 대충 알겠지?

안녕? 난 사바나의 큰형, 기린이야. 세상에서 가장 키 큰 동물로 통하지. 세상에서 가장 무거운 동물 코끼리와 더불어 우리 기린은 작은 동물들을 지켜 주는 파수꾼 같은 존재란다.

목이 긴 이유

우리는 왜 이렇게 다른 동물에 비해 목이 월등히 길어졌을까? 여기엔 여러 가지 학설이 있어. 첫 번째로 선호하는 키 큰 나뭇잎을 잘 먹으려고 커졌다는 설. 이런 걸 자연 선택이라고 불러. 즉 높이 있는 나뭇잎을 잘 먹는, 목이 긴 기린들만 살아남았다는 거지. 두 번째는 원래 다리가 길었던 기린이 바닥의 물을 먹기 위해 목도 길어졌다는 설. 세 번째는 목이 길고 굵은 기린이 다른 기린보다 '목 싸움'을 잘해서 번식 성공률이 높아 그렇다는 설. 네 번째는 길고 마른 체형일수록 몸 안의 열을 잘 발산시켜서 그런 쪽으로 진화되었다는 설. 모두 그럴듯하지?

최근에는 우리 유전자를 분석하면서 새로운 설이 하나 더 나왔어. 기린만 가진 특이한 유전자가 있어서 기린의 목을 길게 하고 동시에 심장의 혈관 같은 기관을 발달시켰다는 거야. 이 많은 설 중 어느 게 맞는지 인간들은 아직 결론을 못 내린 것 같더라?

나도 잘 모르겠어. 확실한 게 없다 보니 내 목이 긴 이유를 설명하는 글이 내 목만큼이나 길어졌네. 사실 이유가 뭐 그리 중요하겠어? 그냥 모든 생명체는 조물주가 만들어 준 대로 살아간다고 단순하게 생각하면 그뿐!

우리에겐 키 말고도 남다른 특징이 하나 더 있어. 너희는 기린 뿔은 몇 개인지 알고 있니? 머리 위에 두 개가 나 있는데, 어떤 예리한 사람들은 그거 말고 수컷 기린의 코 위에 나 있는 건 뭔지 궁금해하더라. 그건 그냥 혹이야. 또 그보다 더 민감한 어떤 사람들은 내 귀 뒤 양쪽에도 뭐가 솟아 있다며 그것도 궁금해해. 그것도 뿔이라고 세면 난 뿔이 모두 다섯 개나 되는 셈이야.

뿔이 각질 또는 골질로, 된 동물의 머리 부근에 솟아난 것이라고 정의한다면 다섯 개 모두 뿔이 맞긴 해. 물론 기린 암컷들은 뭐든지 작아서 큰 뿔 두 개 빼고 나머지는 잘 보이지 않지만. 아무튼 그 덕분에 우린 세상에서 가장 뿔이 많은 도깨비 같은 동물로도 통하지. 그 많은 뿔 덕분에 우리 미모가 더욱 빛나지 보이지 않니? 사실 그 외에 뭐가 더 중요한 역할이 딱히 있는 건 아니야.

물을 마시려면

너희는 사슴을 두고 '목이 길어서 슬픈 짐승'이라고 하더라. 하지만 목이 길어서 슬프기로 치자면 사슴보다 우리 기린이 훨씬 더하단다.

우린 긴 목 때문에 물도 마음대로 벌컥벌컥 못 마셔. 물을 마실 때면 고개를 숙여야 하는데 이때 피가 머리에 갑자기 쏠리는 걸 방지하기 위해 다리를 최대한 벌리고 목을 천천히 내리는 예비 동작이 필요하단다.

머리끝까지 계속 피를 끌어 올려야 해서 심장도 다른 동물들보다 두 배나 더 강하게 뛰지. 그래서 태어날 때부터 혈압이 높아. 높은 혈압이 심장을 무리하게 해서인지 우린 덩치에 비해 그리 오래 살지 못해. 길어야 30년 정도야. 정말 슬픈 운명을 타고 났지.

자연에는 심장 의사가 따로 없으니 우리 스스로 알아서 치유를 해야 해. 그래서 우리 목 윗부분에는 혈압 조절 기능을 하는 모세 혈관 다발이 있어. 이 구조물을 '원더 네트' 즉 위대한 혈관 그물이라고 부른단다. 큰 혈관에서 오는 피를 미세한 작은 혈관으로 나누어 천천히 흐르게 하는 구조물이지.

위대한 혈관 그물은 피가 머리로 한꺼번에 쏠리는 것과 한꺼번에 심장으로 내려오는 것을 방지해. 자연의 최초 설계자는 참으로 위대한 것 같아.

그물 무늬의 비밀

얼룩말 무늬가 그렇듯 우리 몸의 무늬에 대해 궁금해하는 사람도 꽤 많지? 우리 무늬를 흔히 그물 무늬라고 해. 어쩌다 그런 무늬를 갖게 되었냐고 물으면 딱히 설명할 말은 없어. 난 그냥 내 패션이라고 생각했지. 설명하기 좋아하는 인간 학자들은 그것도 연구를 해 보았대. 우리가 평생 한 가지 패션으로 살아가는 데엔 분명 그럴 만한 이유가 있을 거라고 생각한 거야.

그렇게 연구를 하더니 마침내 그 이유를 밝혀냈어. 그물 형태의 다각형 무늬 끝에 작은 모세혈관들이 집중적으로 모여 있어서 체온 조절을 한다는 거야! 대단하지 않니? 얼룩말들의 줄무늬는 병을 옮기는 체체파리를 몰아내는 무늬라며? 너희 인간 과학자들은 정말 많은 걸 연구해 내더라. 아무튼 별로 필요는 없지만 알게 해 주어서 고마워.

긴 목을 이용해서 우린 꽤 많은 걸 해. 목으로 싸움도 해! 사자나 표범이 다가오면 긴 발로 걷어차지만, 같은 크기의 경쟁자 기린이 나타나면 길고 단단한 목으로 목 싸움을 한단다. 내 영역을 지켜 내야 하는데 손이나 이빨을 쓸 수 없으니 목이라도 이용하는 거야. 우리에겐 길고 튼튼한 목이 제일 만만하지.

목은 우리 몸의 치명적인 급소이기도 해. 힘센 수컷끼리 강하게 붙으면 그 목 싸움을 하다 기절하거나 쓰러져 죽기도 한단다. 그래서 대부분은 팔씨름을 하듯 우선 목을 한번 맞대 본 뒤 힘이 약한 쪽이 서서히 물러나는 방식을 택하지. 안 될 것 같으면 얼른 물러나는 게 현명해. 너희 인간도 목은 참 약한 부위잖아? 우리 기린도 마찬가지야.

초원의 수호자

코끼리를 '초원의 개척자'라고들 하지. 코끼리가 걸어가는 길이 다른 동물들에게는 그 자체로 길이 되기 때문이야. 우리 기린은 '초원의 수호자'라고 해. 우리 기린의 덕을 칭송하는 말이란다. 우리는 사바나의 모든 초식 동물을 보호하고 있거든. 일부러 보호하는 건 아니지만 결과적으로 그렇게 하는 셈이야.

사바나에서 우리 기린이 달리잖아? 그럼 다른 초식 동물들은 기린이 왜 달릴까 생각하지 말고 일단 따라 뛰면 돼. 그러면 목숨을 몇 번 건질 수 있어. 우리는 키가 크다 보니 사자나 표범, 치타,

하이에나 같은 멀리서 오는 천적을 가장 먼저 포착할 수 있거든. 잘난 척하면서 '기린이 장난치는 거 아냐?' 하고 머뭇거리다간 사자나 표범한테 당하기 쉽지.

물론 우리도 가끔 센 바람이나 이상한 냄새, 소리에 놀라 달아나기도 하지만 진짜 적이 멀리서 나타나는 걸 발견하고 달아날 때도 많거든. 좀 피곤해도 같이 움직이면 같이 사는 거야. 우리 덕분에 천적들이 득실득실한 초원에서도 초식 동물들이 그렇게 평화롭게 지낼 수 있지.

자연에선 생각이 단순해져야 해. 주변 동물들을 유심히 살피면서 믿고 따라야 살아남지. 서로의 장단점을 파악하고 나면 의심은 없어. 어렵진 않지? 호기심과 자만은 야생에서는 때로 화를 부르거든.

우리는 이렇다 할 목소리는 없어. 그렇다고 서로 대화를 못 하는 건 아냐. 친구 기린에게 '음음' 하는 낮고 긴 소리로 서로 생각을 전달하기도 하고 눈빛으로도 이야기한단다. 진실은 말이나 소리로 전달하는 게 아니야. 순수한 눈물과 눈빛 그리고 진실한 행동으로 전달하는 거지. 우리 기린은 하늘과 가장 가까운 동물인 만큼 세상을 높고 깊게 바라볼 수 있단다.